EINFACH GUT KOCHEN

GENIAL KOCHEN
MIT **2–6 ZUTATEN**

EMF

EIN BUCH DER
EDITION MICHAEL FISCHER

VORWORT

Einfach – in jeglicher Hinsicht. Ob nun beim Einkauf oder bei der Zubereitung. Einfach heißt, mit maximal 6 Zutaten etwas Leckeres zuzubereiten. Unkompliziert in relativ kurzer Zeit beispielsweise ein Zwei- oder Drei-Gänge-Menü für Freunde oder Familie kochen. Einfach heißt, die benötigten Zutaten auf Fotos einzeln – und als fertiges Gericht auf einem großen Foto zu sehen. Einfach heißt, der Einkauf ist durch eine kurze Zutatenliste überschaubar und hält sich somit auch kostenmäßig in Grenzen.

Auch die Rezepte sind relativ einfach gehalten, damit jeder, ob geübt oder Neuling, schon beim Durchblättern Lust verspürt, sofort in die Küche zu gehen und loszulegen. Die Auswahl ist groß und kunterbunt, ein toller Querschnitt der modernen internationalen Küche, so wie wir heute essen und genießen wollen. Ob nun Buns oder ein Mais-Bananen-Cake gebacken werden, das Kapitel der Aufstriche mit Baba Ganoush und veganer Leberwurst rauf und runter ausprobiert wird – ich bin mir sicher, dass beim Durchblättern der vielfältigen Rezepte das kulinarische Herz vor Freude hüpft.

Brezel-Serviettenknödel, Himmel & Erde, Bulgur mit Kumquats, Erdbeer-Risotto und Lachs mit flüssigem Safranreis, alles macht neugierig und zeigt zudem wie Altbewährtes hip und noch einfacher zu kochen ist. Querbeet, von Suppen wie Spice Bomb in Gemüsebrühe über Hauptgerichte wie Guinness-Gulasch bis hin zu Snacks wie knusprige Kichererbsen – und wollten Sie nicht schon lange auch ein paar neue Getränkeideen ausprobieren?

Einfach heißt, einfach anfangen. Guten Appetit!

ALLES SO SCHÖN EINFACH

Grundsätzlich sind bei den Rezepten, wenn benötigt, Grundzutaten wie Salz und Pfeffer, über die jeder Haushalt verfügt, angegeben. Nun mögen Sie sich fragen, ob tatsächlich jedes Rezept mit nur 6 Zutaten, manchmal auch nur mit 4 oder 5 auskommen kann. Die Antwort ist ja. Sie erhalten das Grundrezept, wie es sein und schmecken soll. Natürlich können Sie individuell die Rezepte mit Gewürzen ergänzen, kreativ bearbeiten oder nach jeweiligem Geschmack erweitern.

AUSSTATTUNG

Dazu gehört eine Grundausstattung für die Küche, die von verschiedenen Messern, Schüsseln, Töpfen, Pfannen und Küchenutensilien wie Pfannenwender, Kochlöffel, Sparschäler und Schneebesen reicht. Auch ein elektrisches Handrührgerät, ein Stab- oder Standmixer und ein Haarsieb zum Passieren von Brühen oder Saucen erweisen sich als nützliche Helfer.

Andere Hilfsmittel wie Nudelholz, Ravioli-Ausstecher oder Backformen lassen sich meistens leicht ersetzen – eine Flasche, ein umgedrehtes Glas oder eine feuerfeste Schüssel tun's im Grunde genauso. Frei nach dem Motto „Der Zweck heiligt die Mittel" ist einfach (fast) alles erlaubt, was zum gewünschten Ergebnis führt.

Es werden also keine komplizierten Küchengeräte oder Küchenhandwerkzeug gebraucht. Auch keine Fritteuse oder Mikrowelle. Einfach und effektiv ist das Credo.

VORRATSHALTUNG

Die Zutaten auf den Fotos sind selbsterklärend und werden, je nach Rezept, eingekauft. An Vorrat sind für dieses Kochbuch an Gewürzen Salz und Pfeffer, integriert in einem gängig sortierten Gewürzregal, wichtig. In manchen Rezepten werden auch Paprikapulver, Kümmel und Muskatnuss benötigt. Oder ganze Pfefferkörner, Gewürznelken, getrocknete Kräuter wie Majoran und Oregano oder Lorbeerblätter. Diese werden stets mit bei den bis zu 6 Zutatenfotos angegeben.

PFLANZENÖL

Als Basis-Zutat wird bei den Rezepten, sofern benötigt, Pflanzenöl angegeben. Damit ist geschmacklich neutrales und hoch erhitzbares pflanzliches Öl gemeint. Das kann Sonnenblumen-, Raps-, Weizenkeim- oder Distelöl sein. Steht bei einem Rezept explizit Olivenöl, so wird dieses entweder kalt für einen Salat oder für den entsprechenden Geschmack des Gerichts benötigt.

BACKOFENTEMPERATUREN

Die Temperaturangaben in diesem Kochbuch sind für das Garen mit Ober-

und Unterhitze angegeben. Falls Ihr Herd mit Heiß- oder Umluft arbeitet, so brauchen die angegebenen Temperaturen bei den Rezepten nur um 20 °C niedriger eingestellt werden.

PORTIONSANGABEN

Bei jedem Rezept sind die Zutaten für 4 Personen angegeben. Ausnahmen gibt es bei den Süßspeisen und Kuchen, wenn Kasten- oder Springformen gebraucht werden. Dies gilt auch für Brote und Brötchen sowie für Getränke oder Eingemachtes. Alle diese Ausnahmen sind bei den Rezepten vermerkt.

EINFACH UNKOMPLIZIERT

Natürlich sind die kreativen innovativen Rezepte in diesem Kochbuch „nicht in Stein gemeißelt". Wer beispielsweise keine Topinambur mag, kann diese gegen Kartoffeln austauschen. Wem der Geschmack und Geruch von Bergkäse zu stark ist, kann auch auf einen neutralen Gouda-Käse zurückgreifen. Bei Rezepten, bei denen Wein verwendet wird, lässt sich dieser, je nach Gericht, mit einer anderen Flüssigkeit, wie Brühe oder Wasser, tauschen. Das ist vor allem wichtig, wenn Kinder mitessen. Auch ein Fleischgericht, wie z. B. das „Guinness-Gulasch" schmeckt zwar durch das spezielle Bier super, aber kann genauso gegen ein anderes Bier ausgetauscht oder durch eine Brühe ersetzt werden. Statt Bananenblättern, die zum Dämpfen verwendet werden, können Sie auch Alufolie hernehmen. Manche Zutaten wie beispielsweise geräuchertes Paprikapulver, Merguez-Würstchen, Pankomehl oder Dashi-Pulver können manchmal außerhalb von Großstädten nicht gleich auf Anhieb besorgt werden. Allerdings ist hier das Internet eine gute Möglichkeit, an diese Sachen heranzukommen. Wer keine Zeit hat, Nudelteig wie in mehreren Rezepten beschrieben, selber herzustellen, greift einfach auf entsprechende Fertigprodukte zurück. Der Anspruch dieses Buchs besteht allerdings darin, zu zeigen, wie EINFACH und UNKOMPLIZIERT moderne, frische und kreative Küche geht. Und das natürlich mit neuen kulinarischen Ideen, die vor allem gut schmecken, aber auch Lust aufs Kochen machen.

1

2

3

4

5

6

4 *Personen* | **35 MIN** *Zubereitung* | *Salz Pfeffer* | *Öl*

SÜSSKARTOFFEL-KOKOS-SUPPE

500 g *Süßkartoffeln*
1 Stängel *Zitronengras*
4 Stängel *Koriandergrün*
200 g *Tomaten (Dose)*
500 ml *Gemüsebrühe*
200 ml *Kokosmilch*

SÜSSKARTOFFELN schälen und in etwa 2 cm große Stücke schneiden. **ZITRONENGRAS** waschen und etwas flach klopfen. Das **KORIANDERGRÜN** waschen und zerzupfen.

In einem breiten Topf 1 EL Öl erhitzen und darin die **SÜSSKARTOFFELSTÜCKE** 1 Minute anbraten. Die **TOMATEN** hinzufügen, kurz durchrühren und mit **GEMÜSEBRÜHE** sowie mit **KOKOSMILCH** aufgießen. Bei mittlerer Hitze 15 bis 20 Minuten köcheln lassen und dabei das **ZITRONENGRAS** einlegen.

Das **ZITRONENGRAS** entfernen, die Suppe mit dem Stabmixer fein pürieren und mit Salz und Pfeffer abschmecken. Mit **KORIANDER** garnieren.

1 

2 

3 

4 

5 

4 *Personen* | **15 MIN** *Zubereitung* **30 MIN** *Kühlzeit* | *Salz*

KALTE WILDKRÄUTER-SUPPE MIT MELONE

2 *Bio-Salatgurken*

1 Stange *Staudensellerie*

50 g *Wildkräuter*

1 EL *Zitronensaft*

1 *Cantaloupe-Melone*

GURKEN mit der Schale klein schneiden. **STAUDENSELLERIE** abziehen und in Stücke schneiden. **KRÄUTER** waschen, verlesen und einige für die Garnitur beiseitelegen.

GURKENSTÜCKE und **STAUDENSELLERIE** in den Küchenmixer geben und fein pürieren. **KRÄUTER, ZITRONENSAFT** sowie Salz zufügen und nochmals pürieren.

Die Suppe kalt stellen. Inzwischen die **MELONE** halbieren und mit einem entsprechenden Schneider Kugeln ausstechen.

Ein Sieb mit einem Passiertuch auslegen und die Suppe durchgießen. In jede Suppenschale einige **MELONENKUGELN** geben, mit der kalten Suppe aufgießen und mit den restlichen **KRÄUTERBLÄTTCHEN** garnieren.

4 *Personen* | **35 MIN** *Zubereitung* | *Salz Pfeffer* | *Öl*

TOPINAMBURSUPPE MIT CHIPS

500 g *Topinambur*
150 g *Petersilienwurzel*
750 ml *Gemüsebrühe*
2 *Schalotten*
200 g *Sahne*

1

2

3

4

5

TOPINAMBUR und **PETERSILIENWURZELN** schälen. **TOPINAMBUR** in Stücke schneiden. Von einer **PETERSILIENWURZEL** etwa 20 dünne Scheiben abschneiden und beiseitestellen, den Rest ebenfalls in Stücke schneiden.

Die **SCHALOTTEN** schälen, fein würfeln und in 1 EL Öl kurz andünsten. **TOPINAMBUR** und **PETERSILIENWURZEL** hinzufügen und mit **GEMÜSEBRÜHE** aufgießen. Bei mittlerer Hitze etwa 20 Minuten köcheln lassen und dabei mit Salz und Pfeffer würzen. **SAHNE** einrühren und nach 1 bis 2 Minuten die Suppe mit einem Stabmixer fein pürieren.

Öl in einem kleinen Topf erhitzen und die **PETERSILIENWURZELSCHEIBEN** etwa 30 Sekunden frittieren. Die Suppe mit den Chips servieren.

4 *Personen* | **25 MIN** *Zubereitung* | *Salz Pfeffer*

PARMESAN-SUPPE MIT CRUNCH

1

2

3

4

200 g *Parmesan*
500 ml *Gemüsebrühe*
200 g *mehligkochende Kartoffeln*
etwas *frisches Basilikum, zerzupft*

Den Backofen auf 200 °C Ober-/Unterhitze vorheizen, Backblech mit Backpapier belegen.

Den **PARMESAN** auf einer Küchenreibe fein reiben. Aus 50 g **PARMESAN** kleine Häufchen auf das Backblech streuen und leicht flach drücken, für etwa 10 Minuten im Ofen backen. Den restlichen **PARMESAN** beiseitestellen.

Die **GEMÜSEBRÜHE** zum Kochen bringen. Die **KARTOFFELN** schälen, klein schneiden und in der **BRÜHE** etwa 20 Minuten garen.

Dann **PARMESAN** einrühren und die Suppe mit dem Stabmixer fein pürieren. Mit Salz und Pfeffer würzen. Die **PARMESANPLÄTZCHEN** leicht zerbröseln, mit **BASILIKUMBLÄTTCHEN** auf die heiße Suppe geben und servieren.

1

2

3

4

5

6

4 *Personen* | **30 MIN** *Zubereitung*

MANGO-SÜPPCHEN MIT QUINOA

50 g *Quinoa*
1 *Bio-Orange*
1 *Möhre*
1 *Mango*
500 g *Buttermilch*
2 Zweige *Zitronenthymian, gezupft*

QUINOA gründlich waschen und mit 100ml Wasser zum Kochen aufstellen. Bei kleiner Hitze etwa 15 Minuten garen lassen.

Inzwischen die Schale der **ORANGE** abreiben und das Fruchtfleisch auspressen. Die **MÖHRE** schälen, in kleine Stücke schneiden und mit dem **ORANGENSAFT** im Standmixer pürieren, anschließend zur **QUINOA** in den Topf rühren.

Die **MANGO** schälen, das Fruchtfleisch vom Kern lösen und mit der **BUTTERMILCH,** der **ORANGENSCHALE** und dem **ZITRONENTHYMIAN** im Standmixer pürieren.

QUINOA auf kleine Teller verteilen und mit der **MANGOBUTTERMILCH** aufgießen.

1

2

3

4

5

6

4 *Personen* | **40 MIN** *Zubereitung* | *Salz* *Pfeffer*

SCHNELLE HÜHNERSUPPE

1 l *Hühnerbrühe*
300 g *Hähnchenunterschenkel*
3 *Schalotten*
200 g *Möhren*
150 g *Sellerie*
1 kleines Bund *Petersilie*

HÜHNERBRÜHE mit einigen Pfefferkörnern in einen Topf zum Kochen aufstellen. **HÄHNCHENUNTERSCHENKEL** waschen und für etwa 35 Minuten in die **BRÜHE** zum Garen geben.

In der Zwischenzeit das Gemüse schälen. **SCHALOTTEN** in Achtel schneiden, **MÖHREN** und **SELLERIE** würfeln und für 10 bis 15 Minuten in der **HÜHNERBRÜHE** mitgaren. Die Suppe abschmecken.

Von der **PETERSILIE** die Blätter abzupfen, in die **BRÜHE** geben und das **HÜHNERFLEISCH** vom Knochen lösen.

FLEISCH und **GEMÜSE** auf Teller verteilen, mit heißer **BRÜHE** aufgießen und servieren.

1 

2 

3 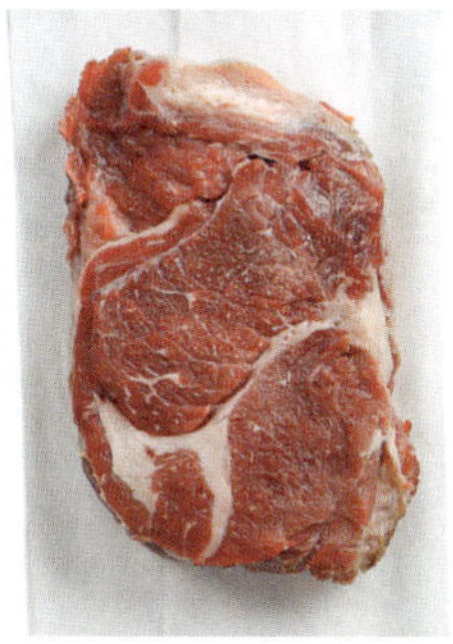

4 

5 

6 

4 *Personen* | **40 MIN** *Zubereitung* | *Salz* *Pfeffer*

GLASNUDEL-MISOSUPPE MIT SHIITAKE & RINDFLEISCH

20 g *Ingwer*
1,5 l *Misobrühe*
200 g *Entrecôte*
80 g *Glasnudeln*
100 g *Shiitakepilze*
4 Stängel *Koriandergrün*

INGWER schälen, in dünne Scheiben schneiden und mit der **MISOBRÜHE** in einem Topf aufkochen. **ENTRECÔTE** in Streifen schneiden, mit Salz und Pfeffer würzen und in der **BRÜHE** bei mittlerer Hitze etwa 15 Minuten ziehen lassen.

In der Zwischenzeit die **GLASNUDELN** laut der Packungsangabe garen und beiseitestellen.

Die **SHIITAKEPILZE** vierteln, mit den **GLASNUDELN** zum **FLEISCH** geben und 4 bis 5 Minuten garen.

INGWER aus der **BRÜHE** nehmen. **KORIANDER-GRÜN** waschen und die Blättchen abzupfen. **GLASNUDELN, FLEISCH** und **PILZE** auf Suppen-schalen verteilen, mit der **MISOBRÜHE** aufgießen und mit Koriander garnieren.

1 

2 

3 

4 

5 

4 *Personen* | **10 MIN** *Zubereitung* | *Salz Pfeffer* | *Öl*

LAUWARME AVOCADOSUPPE MIT KNOBLAUCH-FLAKES

4 *Knoblauchzehen*

2 *Avocados*

750 ml *Gemüsebrühe*

1 *Limette*

etwas *Kresse*

5EL Öl in einem Topf erhitzen, die **KNOBLAUCHZEHEN** in dünne Scheiben schneiden und leicht frittieren. **KNOBLAUCH-FLAKES** und das **KNOBLAUCHÖL** beiseitestellen.

Die **AVOCADOS** entkernen, aushöhlen, grob schneiden und mit der **BRÜHE** im Standmixer pürieren. Die **LIMETTE** auspressen und mit der **AVOCADOSUPPE** verrühren. Mit Salz und Pfeffer würzen.

Suppe in Schälchen füllen, mit **KNOBLAUCH-FLAKES** und **KRESSE** garnieren. Nach Belieben **KNOBLAUCHÖL** darüberträufeln.

1

2

3

4

5

6

4 *Personen* | **25 MIN** *Zubereitung* | *Salz* *Pfeffer*

APFEL-FENCHEL-SUPPE MIT FLEISCHKLÖSSCHEN

600 ml *Fleischbrühe*

150 ml *Weißwein*

1 *Fenchelknolle*

1 *großer Bio-Apfel*

200 g *mittelfeine Bratwurst*

1 kleines Bund *krause Petersilie*

BRÜHE und **WEISSWEIN** in einem Topf langsam zum Kochen bringen.

FENCHEL putzen und vierteln, Strunk keilförmig herausschneiden und den **FENCHEL** in dünne Streifen schneiden oder hobeln. **APFEL** vierteln, entkernen und mit der Schale in Scheiben schneiden.

BRATWÜRSTE aufschneiden, das Brät herausdrücken, leicht kneten, zu Klößchen formen und in der **BRÜHE** mit **FENCHEL** und **APFEL** etwa 10 Minuten gar ziehen lassen.

PETERSILIE fein hacken und zur **BRÜHE** geben. Mit Salz und Pfeffer abschmecken. Die Suppeneinlage auf vier Teller verteilen und mit der **BRÜHE** aufgießen.

1 

2 

3 

4 

5 

6 

4 *Personen* | **45 MIN** *Zubereitung* | *Salz* *Pfeffer*

SPICE BOMB IN GEMÜSEBRÜHE

4 *Wirsingblätter*
200 g *Merguez-Würstchen*
750 ml *Gemüsefond oder Brühe*
1 *Möhre*
75 g *Sellerie*
8 Stängel *Estragon*

Die **WIRSINGBLÄTTER** für 1 Minute in siedend heißem Wasser garen. Herausnehmen, mit kaltem Wasser abschrecken, den Strunk flach schneiden und die **BLÄTTER** mit einem Nudelholz plattieren.

Das Brät aus den **MERGUEZ-WÜRSTCHEN** drücken und auf dem **WIRSING** verteilen. Mit Salz und Pfeffer abschmecken und die Blätter mit Küchengarn zu Päckchen verschnüren.

Den **GEMÜSEFOND** in einem breiten Topf erhitzen und die **WIRSINGPÄCKCHEN** bei milder Hitze darin gar ziehen lassen.

MÖHRE und **SELLERIE** schälen, in feine Streifen schneiden und mit dem **ESTRAGON** in der **BRÜHE** weitere 5 Minuten ziehen lassen.

Die **WIRSINGPÄCKCHEN** auf Teller geben und mit der Suppe aufgießen.

1

2

3

4

5

6

4 *Personen* | **20 MIN** *Zubereitung* | *Salz* *Pfeffer*

LEICHTE FISCHSUPPE

600 ml *Fischfond*
1 kleines Bund *Zitronenthymian*
100 g *Brokkoliröschen*
200 g *Lachs*
200 g *Kabeljau*
8 *Riesengarnelen*

FISCHFOND mit dem **ZITRONENTHYMIAN** im Topf erwärmen. **BROKKOLIRÖSCHEN** hinzufügen.

LACHS und **KABELJAU** in Stücke schneiden und mit den **RIESENGARNELEN** in die Suppe geben. Alles bei milder Hitze etwa 10 Minuten ziehen lassen.

Den Bund **ZITRONENTHYMIAN** entfernen und die Suppe mit Salz und Pfeffer abschmecken.

BROKKOLI, FISCH und **GARNELEN** auf Teller verteilen und mit heißer Suppe begießen.

Dazu schmeckt geröstetes Baguette.

1

2

3

4

5

6

4 *Personen* | **35 MIN** *Zubereitung* **15 MIN** *Überbacken* | *Salz* *Pfeffer*

ÜBERBACKENE ZWIEBELSUPPE

120 g *Gruyère oder Bergkäse*
500 g *Zwiebeln*
50 g *Kräuterbutter*
1 l *Fleischbrühe*
200 ml *Weißwein*
1 *Baguette*

Den Backofen auf 200 °C Ober-/Unterhitze vorheizen. Den **KÄSE** auf einer Küchenreibe grob raspeln und beiseitestellen.

ZWIEBELN schälen und in Ringe schneiden. In einem Topf die **KRÄUTERBUTTER** erhitzen und darin unter öfterem Rühren die **ZWIEBELRINGE** etwa 10 Minuten glasig dünsten. Dann mit **BRÜHE** und **WEISSWEIN** aufgießen und etwa 15 Minuten köcheln lassen. Mit Salz und Pfeffer abschmecken.

Das **BAGUETTE** in Scheiben schneiden und im Backofen goldgelb rösten bzw. toasten.

Die fertige Suppe in ofenfeste Suppenschalen oder in eine große feuerfeste Form geben. **BAGUETTESCHEIBEN** darauflegen, den **KÄSE** darüber verteilen und 10 bis 15 Minuten überbacken, bis der Käse goldbraun ist.

1

2

3

4

5

6

4 *Personen* | **35 MIN** *Zubereitung* | *Salz Pfeffer*

WIRSINGTOPF MIT BACK-PFLAUMEN & SPECK

½ *Wirsing (ca. 500 g)*
2 *Zwiebeln*
200 g *Räucherspeck*
1 l *kräftige Gemüsebrühe*
4 Stängel *Liebstöckel, zerzupft*
10 *Backpflaumen*

WIRSING putzen und in kleine Stücke schneiden. **ZWIEBELN** schälen und fein würfeln. **RÄUCHERSPECK** in größere Stücke schneiden und in einem Topf im eigenen Fett anbraten. Herausnehmen und beiseitestellen.

Im **FETT** aus dem Topf die **ZWIEBELWÜRFEL** braten und dann mit **GEMÜSEBRÜHE** aufgießen. **WIRSING** und **LIEBSTÖCKEL** hinzufügen und alles etwa 15 Minuten garen lassen.

RÄUCHERSPECK und **BACKPFLAUMEN** hinzugeben und weitere 5 Minuten leise köcheln lassen. Mit Salz und Pfeffer abschmecken.

1

2

3

4

5

6

4 *Personen* | **30 MIN** *Zubereitung* | *Salz* *Pfeffer*

ERBSENSUPPE MIT ITALO-SPÄNEN

1 *Kartoffel*
600 ml *Gemüsebrühe*
650 g *Erbsen (TK), aufgetaut*
50 g *kalte Butter*
1 Handvoll *Erbsensprossen*
2 EL *Parmesanspäne*

Die **KARTOFFEL** schälen und grob zerteilen. **GEMÜSEBRÜHE** aufkochen und **KARTOFFELSTÜCKE** sowie 600 g **ERBSEN** hinzufügen. Bei mittlerer Hitze 20 bis 25 Minuten garen

Die **KALTE BUTTER** hinzufügen und mit einem Stabmixer alles pürieren. Mit Salz und Pfeffer würzen. Zum Servieren die restlichen **ERBSEN** in die Suppe geben.

Die Suppe auf Schalen oder Teller verteilen und mit **ERBSENSPROSSEN** und den **PARMESANSPÄNEN** nach Belieben garnieren.

1

2

3

4

5

6

4 *Personen* | **50 MIN** *Zubereitung* | *Salz* *Pfeffer* | *Essig*

KERBELSCHAUM MIT KARTOFFELNEST & POCHIERTEM EI

1–2 *festkochende Kartoffeln*
200 ml *Pflanzenöl zum Braten*
4 *sehr frische Eier*
500 ml *Gemüsebrühe*
75 g *Kerbel, verlesen*
200 g *Crème fraîche*

KARTOFFELN schälen und mit einem Spiralschneider oder einem Messer in dünne Streifen schneiden.

PFLANZENÖL in einem kleinen Topf erhitzen. Aus den **KARTOFFELSPIRALEN** vier Nester formen und nacheinander jeweils von beiden Seiten 4 Minuten kross braten.

In einem zweiten Topf 2 l Wasser mit 3 EL Essig zum Sieden bringen. Im Wasser durch das Rühren mit dem Schneebesen einen Strudel erzeugen. Die **EIER** einzeln in eine Tasse schlagen und vorsichtig ins Wasser gleiten lassen, jeweils 6 Minuten pochieren.

GEMÜSEBRÜHE aufkochen, **KERBEL** und **CRÈME FRAÎCHE** hinzufügen, 1 Minute ziehen lassen und alles mit dem Stabmixer pürieren. Mit Salz und Pfeffer würzen.

Je ein **KARTOFFELNEST** und ein pochiertes **EI** auf einen tiefen Teller setzen und den **KERBELSCHAUM** angießen.

1 

2 

3 

4 

5 

6 

4 *Personen* | **45 MIN** *Zubereitung* | *Salz* *Pfeffer* | *Öl*

SCHARFE LINSEN-CURRY-SUPPE

200 g *Berglinsen*
2 *Schalotten*
50 g *(scharfe) rote Currypaste*
400 ml *Gemüsebrühe*
400 g *Kirschtomaten (Dose)*
1 Bund *Koriandergrün*

Die **BERGLINSEN** laut Packungsangabe in genügend Salzwasser etwa 25 Minuten garen, anschließend abgießen und beiseitestellen.

SCHALOTTEN schälen, fein würfeln und in 1 EL Öl langsam andünsten.

CURRYPASTE einrühren und mit der **GEMÜSEBRÜHE** aufgießen. Die **KIRSCHTOMATEN** sowie die gegarten **BERGLINSEN** hinzufügen und die Suppe ungefähr 5 Minuten leise köcheln lassen. Mit Salz und Pfeffer würzen.

KORIANDERGRÜN waschen, verlesen und die Suppe damit garnieren.

TIPP

Es gibt auch gemahlene Pilze zu kaufen (in kleinen Würzabfüllungen) – oder weglassen. Dann mit grob gemahlenem Pfeffer oder gehackten Kräutern servieren.

1
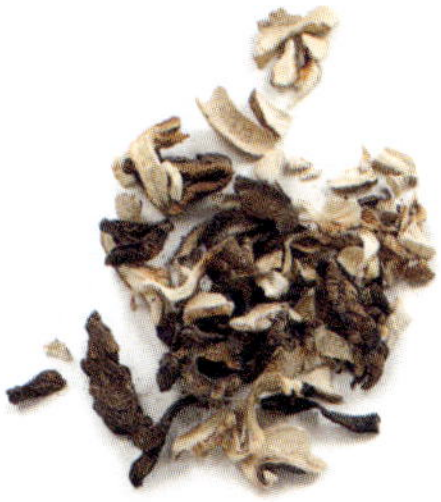

2

3

4

5

4 *Personen*	**20 MIN** *Zubereitung* **1 STD** *Einweichen*	*Salz* *Pfeffer*

PILZ-CAPPUCCINO

40 g *getrocknete Mischpilze*
600 ml *Kalbsfond*
200 g *Sahne*
1 *Schalotte*
30 g *Butter*

30 g **MISCHPILZE** mit dem **KALBSFOND** in eine Schüssel geben und etwa 1 Stunde (bzw. laut Packungsangabe) einweichen. Die restlichen **MISCHPILZE** in einer Mühle zermahlen (bzw. siehe Tipp).

50 g **SAHNE** mit einem elektrischen Handrührgerät halb steif schlagen und beiseitestellen.

Die **SCHALOTTE** schälen, fein würfeln und in heißer **BUTTER** andünsten. Den **KALBSFOND** mit den eingeweichten **PILZEN** hinzufügen und alles etwa 10 Minuten leise köcheln lassen.

150 g **SAHNE** zugießen, mit Salz und Pfeffer würzen und mit dem Stabmixer alles aufschäumen. Die **PILZSUPPE** in Tassen füllen, je einen Klecks halb steife **SAHNE** aufsetzen und mit den gemahlenen **PILZEN** bestreuen.

1

2

3

4

5

4 *Personen* | **15 MIN** *Zubereitung* | *Salz Pfeffer*

HIMBEER-ROTE-BETE-SUPPE

500 g *Rote Bete, gegart*
1 l *Gemüsebrühe*
250 g *Himbeeren (TK oder frisch)*
2 EL *Himbeeressig*
1 Stängel *Petersilie, zerzupft*

ROTE BETE grob zerkleinern und mit dem Stabmixer in einem Topf pürieren. **GEMÜSEBRÜHE** hinzufügen und etwa 10 Minuten leise köcheln lassen.

Inzwischen die **HIMBEEREN,** 4 Stück davon beiseitelegen, durch ein Haarsieb streichen und dieses **HIMBEERMARK** mit **HIMBEERESSIG** in die Suppe rühren. Mit dem Stabmixer kurz aufmixen und mit Salz und Pfeffer abschmecken.

Zum Servieren auf Schalen verteilen und jeweils mit 1 **HIMBEERE** und etwas **PETERSILIE** garnieren.

TIPP

Anstatt der Gemüsebrühe kann auch das Spargelwasser verwendet werden. Einfach 1 TL Butter zugeben.

1

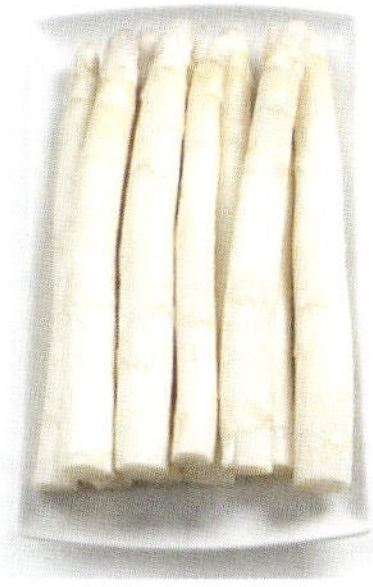

2

3

4

5

4 *Personen* | **30 MIN** *Zubereitung* | *Salz Pfeffer*

SPARGELSUPPE MIT KOKOS

500 g *weißer Spargel*
200 ml *Gemüsebrühe*
250 g *Sahne*
1 *Bio-Limette*
4 TL *Kokosöl*

SPARGEL schälen, in etwa 2 cm Stücke schneiden und in 1 l Salzwasser mit 1 Prise Zuckeretwa 20 bis 25 Minuten garen. Abgießen, die **SPARGELKÖPFE** abschneiden und beiseitelegen.

GEMÜSEBRÜHE, SAHNE und **SPARGELSTÜCKE** etwa 5 Minuten köcheln und mit dem Mixstab fein pürieren. Die Schale der **LIMETTE** abreiben und die Limette auspressen.

Kurz vor Ende der Kochzeit den **LIMETTENSAFT** und das **KOKOSÖL** zur Suppe geben und mit Salz und Pfeffer würzen.

Zum Servieren die **SPARGELKÖPFE** auf die Teller verteilen, mit der Suppe aufgießen und mit etwas **LIMETTENSCHALE** bestreuen.

1

2

3

4

5

2 *Personen* | **20 MIN** *Zubereitung* | *Salz Pfeffer*

UDON-NUDELN IN DASHI-BRÜHE

20 g *Dashi-Pulver*
2–3 *Frühlingszwiebeln*
200 g *Udon-Nudeln*
150 g *Shimeji-Pilze (Buchenpilze)*
1 Bund *Koriandergrün*

In einem Topf 1 l Wasser mit dem **DASHI-PULVER** verrühren, aufkochen und ziehen lassen. Inzwischen die **FRÜHLINGSZWIEBELN** putzen, in kleine Stücke schneiden und kurz in der **DASHI-BRÜHE** ziehen lassen.

Die **UDON-NUDELN** in Salzwasser nach Packungsangabe bissfest garen, dann abgießen.

Die **SHIMEJI-PILZE** sorgfältig putzen und Stielansätze entfernen. Das **KORIANDERGRÜN** waschen und verlesen.

NUDELN, PILZE, FRÜHLINGSZWIEBELN und **KORIANDER** auf zwei große Schalen verteilen und mit heißer **DASHI-BRÜHE** aufgießen. Bei Bedarf mit Salz uznd Pfeffer abschmecken.

1

2

3

4

5

6

4 *Personen* | **1 STD 40 MIN** *Zubereitung* | *Salz Pfeffer*

GUINNESS®-GULASCH

400 g *rote Zwiebeln*
500 g *Rindergulasch*
50 g *Butterschmalz*
1 *Bouquet garni*
300 ml *Rinderfond*
400 ml *Guinness®*

Die **ROTEN ZWIEBELN** schälen und grob hacken.

Die Hälfte **BUTTERSCHMALZ** in einem Topf erhitzen und das **GULASCH** rundum scharf anbraten. Dann auf einen Teller geben.

Restliches **BUTTERSCHMALZ** in den Topf geben und darin die **ZWIEBELN** etwa 10 Minuten dünsten. Zwischendurch mit einigen EL Wasser beträufeln, damit die **ZWIEBELN** Flüssigkeit haben.

GULASCH mit entstandenem Bratensaft zu den **ZWIEBELN** geben. **BOUQUET GARNI** zufügen und mit **RINDERFOND** sowie **GUINNESS** auffüllen. Bei mittlerer Hitze 80 bis 90 Minuten schmoren, je nach Fleischqualität. Mit Salz und Pfeffer abschmecken und servieren.

TIPP

Die Garnelen können auch in etwas Brühe auf dem Herd – oder im Backofen gegart werden.

1 

2 

3 

4 

5 

6 

4 *Personen als Vorspeise*	**15 MIN** *Zubereitung*	*Salz Pfeffer*

GARNELEN MIT AIOLI

4 *Knoblauchzehen*
3 *Eier (Eigelb)*
250 g + 2 EL *Rapsöl*
1 *Zitrone*
5 Stängel *Petersilie*
500 g *Riesengarnelen, aufgetaut, geputzt*

Die **KNOBLAUCHZEHEN** schälen und durch eine Knoblauchpresse drücken. Zusammen mit den **EIGELBEN**, ½ TL Salz und 1 Prise Pfeffer mit einem elektrischen Handrührgerät verrühren.

Nach und nach das **RAPSÖL** langsam unterrühren, sodass eine cremige Konsistenz entsteht. **ZITRONE** auspressen, unter die fertige Aioli rühren und diese kalt stellen. **PETERSILIE** fein hacken.

2 EL **RAPSÖL** in einer Pfanne erhitzen und darin die **GARNELEN** sanft garen. Mit Salz und Pfeffer würzen und die **PETERSILIE** einstreuen. Zusammen mit der Aioli zum Dippen servieren.

1

2
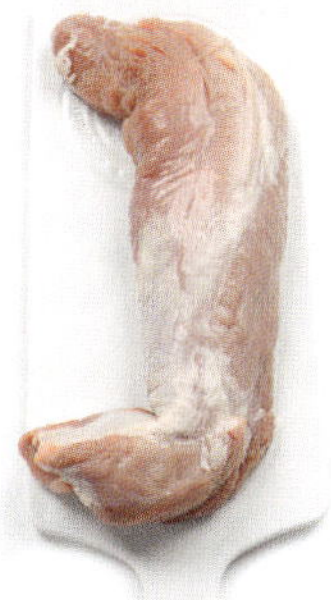

3

4

5

6

4 *Personen* | **30 MIN** *Zubereitung* | *Salz Pfeffer* | *Öl*

RÜCKWÄRTS GEBRATENES SCHWEINEFILET

200 g *Beluga-Linsen*
600 g *Schweinefilet*
100 g *Sahne*
4 EL *dunkler Balsamicoessig*
1 Bund *Petersilie, fein gehackt*
4–5 Scheiben *Parmaschinken*

LINSEN mit 400 ml Wasser zum Kochen bringen und etwa 20 Minuten garen. Inzwischen einen großen Topf mit Salzwasser aufkochen und darin das ganze **SCHWEINEFILET** etwa 15 Minuten sanft garen.

LINSEN mit Salz und Pfeffer würzen, **SAHNE** und **BALSAMICOESSIG** hinzufügen. Bei kleiner Hitze einige Minuten weitergaren und die **PETERSILIE** vorsichtig einrühren.

Das **FLEISCH** aus dem Kochwasser nehmen, trocken tupfen und mit **PARMASCHINKEN** umwickeln. In einer großen Pfanne 2 EL Öl erhitzen und darin das **FILET** von allen Seiten scharf anbraten.

Das **SCHWEINEFILET** aus der Pfanne nehmen, kurz ruhen lassen, schräg in Scheiben schneiden und mit den **LINSEN** anrichten.

1

2

3

4

5

6

4 *Personen* | **1 STD 20 MIN** *Zubereitung* | *Salz Pfeffer*

BARBECUE SPARERIBS „RUBBED“

1,5 kg *Spareribs*
3 *Bio-Zitronen*
4 TL *Paprikapulver, geräuchert*
4 TL *gemahlener Kreuzkümmel*
4 TL *Knoblauchgranulat oder -pulver*
8 EL *Ketchup*

SPARERIBS innen von der Silberhaut befreien, überschüssiges Fett entfernen.

SPARERIBS in einen Topf legen und mit so viel Wasser begießen, dass alles bedeckt ist. Salzen und etwa 40 Minuten leise köcheln lassen.

Von den **ZITRONEN** die Schale fein abreiben. **ZITRONENSCHALE, PAPRIKA, KREUZKÜMMEL, KNOBLAUCHGRANULAT** und 6 EL **KETCHUP** gut verrühren.

Den Backofen auf 220 °C Grillstufe vorheizen und ein Backblech mit Alufolie belegen.

Die **SPARERIBS** aus dem Kochwasser nehmen, trocken tupfen, auf das Backblech geben und mit dem Großteil der **GEWÜRZMISCHUNG** bestreichen. Insgesamt etwa 20 Minuten grillen.

Restliche **GEWÜRZMISCHUNG** mit 2 EL **KETCHUP** verrühren und die **SPARERIBS** beim mehrmaligen Wenden im Ofen damit lackieren. Anschließend mit Salz und Pfeffer würzen.

1

2

3

4

5

4 *Personen* | **10 MIN** *Zubereitung* **1 STD** *Backen*

LEBERKÄS' „CAFÉ DE PARIS"

250 g *Crushed Ice*
250 g *Rinderhack*
750 g *Schweinehack*
2 TL *Gewürzmischung „Café de Paris"*
20 g *Pökelsalz*

Zuerst den Backofen auf 160 °C Ober-/Unterhitze vorheizen.

CRUSHED ICE in der Küchenmaschine zu **EISSCHNEE** verarbeiten.

RINDERHACK, SCHWEINEHACK, GEWÜRZMISCHUNG und **PÖKELSALZ** in die Küchenmaschine hinzufügen und alles sehr fein kuttern.

Masse in eine rechteckige Kuchenform geben und 1 Stunde backen, am Ende der Backzeit unter dem Grill bräunen lassen. Der Leberkäs' schmeckt auch kalt als Aufschnitt.

1

2

3

4

5

6

4 *Personen* | **10 MIN** *Zubereitung* **20 MIN** *Backen* | *Salz* | *Öl*

ÜBERBACKENES BOHNENMUS MIT THUNFISCH

2–3 *Knoblauchzehen*
800 g *weiße Bohnen (Dose)*
120 g *Crème fraîche*
200 g *Thunfisch in Öl, zerbröckelt*
160 g *Bergkäse*
1 Bund *Schnittlauch, gehackt*

Zuerst den Backofen auf 200 °C Ober-/Unterhitze vorheizen.

KNOBLAUCH schälen, fein hacken und in 1 EL Öl anschwitzen.

Die **BOHNEN** abtropfen lassen, dabei 150 ml Flüssigkeit auffangen und mit den **BOHNEN** zum **KNOBLAUCH** geben. Einige Minuten leise köcheln lassen und dann mit 1 TL Salz und **CRÈME FRAÎCHE** verrühren. Alles mit einem Stabmixer pürieren und **THUNFISCH** sowie 80 g **KÄSE** und die Hälfte des **SCHNITTLAUCHS** hinzufügen.

Alles verrühren und auf Gratinformen verteilen. 80 g **KÄSE** darübergeben und im Ofen 20 Minuten überbacken. Mit **SCHNITTLAUCH** bestreut servieren.

TIPP

Zusätzlich mit Essig-gurkenwürfelchen und Kräutern garnieren.

1

2

3

4

5

6

4 *Personen*	**10 MIN** *Zubereitung* **30 MIN** *Kühlen*	*Salz* *Pfeffer*

RINDER-TATAR

400 g *Rinderfilet*
1 *Schalotte*
1 *Essiggurke*
1 *Ei (Eigelb)*
1 TL *Dijon-Senf*
1 TL *Kapern*

RINDERFILET zuerst in lange dünne Scheiben und dann in dünne Streifen schneiden. Etwa 30 Minuten zum Anfrieren in das Tiefkühlfach geben und dann in sehr feine Würfel schneiden.

Inzwischen die **SCHALOTTE** schälen und fein würfeln. Ebenso die **ESSIGGURKE**.

EIGELB, SENF, SCHALOTTEN- und **GURKENWÜRFEL** sowie **KAPERN** mit dem fein geschnittenen **FLEISCH** vermischen. Mit Salz und Pfeffer würzen und servieren.

1

2

3

4

5

6

4 *Personen* | **30 MIN** *Zubereitung* | *Salz* *Pfeffer*

SCHARFES HÄHNCHEN MIT ERBSEN-HUMMUS

2 *Hähnchenbrustfilets*
1 EL *rote Currypaste*
350 g *Erbsen (TK)*
1 *Limette*
3 EL *Tahin (Sesammus)*
3 EL *Olivenöl*

Die **HÄHNCHENBRUSTFILETS** der Länge nach auf-, aber nicht ganz durchschneiden, auseinanderklappen und zwischen Frischhaltefolie plattieren.

Mit **CURRYPASTE** bestreichen, aufrollen, fest in Frischhaltefolie wickeln und darüber Alufolie geben und wie zu Bonbons eindrehen.

In einem Topf Wasser aufkochen, die beiden Bonbons einlegen und bei mäßiger Hitze 10 Minuten garen. Herausnehmen und im Backofen bei niedriger Stufe warm halten.

Die **ERBSEN** in kochendes Salzwasser geben, 2 Minuten kochen lassen, abgießen und anschließend kalt abschrecken.

Von der **LIMETTE** die Schale fein abreiben und den Saft auspressen. Die **ERBSEN** mit **LIMETTENSAFT, TAHIN** und 2 EL **OLIVENÖL** mit einem Stabmixer fein pürieren. Mit Salz und Pfeffer würzen. Mit restlichem **OLIVENÖL** beträufeln und mit **LIMETTENABRIEB** bestreuen.

HÄHNCHENBRUST schräg aufschneiden und mit dem **ERBSEN-HUMMUS** servieren.

4 *Personen* | **1 STD 10 MIN** *Zubereitung* | *Salz Pfeffer* | *Öl*

1

2

3

4

5

6

KOKOS-GULASCH

2 *Zwiebeln*
100 g *gelbe Currypaste*
500 g *Schweinegulasch*
2 *Bananen*
1 *Bio-Limette*
250 ml *Kokosmilch*

ZWIEBELN schälen und fein würfeln. 2 EL Öl in einem Topf erhitzen und darin die **ZWIEBELWÜRFEL** glasig dünsten.

CURRYPASTE einrühren, **SCHWEINEGULASCH** hinzufügen und alles mit 500 ml Wasser begießen. Nach dem ersten Aufkochen bei mittlerer Hitze etwa 1 Stunde schmoren lassen.

BANANEN schälen und in Scheiben schneiden. Von der **LIMETTE** die Schale fein abreiben und den Saft der **LIMETTE** auspressen.

Gegen Ende der Garzeit **BANANEN, KOKOSNUSS-MILCH** sowie Saft und Schale der **LIMETTE** zum **GULASCH** geben. Weitere 10 Minuten ziehen lassen, mit Salz und Pfeffer abschmecken und servieren.

TIPP

Mit frischen Kräutern wie beispielsweise Petersilie garnieren.

1

2

3

4

5

6

4 *Personen* | **30 MIN** *Zubereitung* | *Salz Pfeffer*

HIMMEL & ERDE

1 kg *vorwiegend festkochende Kartoffeln*
2 *Äpfel (ca. 300 g)*
4 *Blut- oder Leberwürste*
500 ml *Frittieröl*
2 *große Zwiebeln*
75 g *Butter*

KARTOFFELN und **ÄPFEL** schälen, **ÄPFEL** entkernen und beides in grobe Stücke schneiden. In einen Topf mit 300 ml Wasser geben und etwa 25 Minuten weich garen.

Die **WÜRSTE** in heißem Wasser langsam erwärmen.

Das **FRITTIERÖL** in einer tiefen Pfanne erhitzen. Die **ZWIEBELN** schälen, in Scheiben schneiden und frittieren, bis sie gebräunt sind. Auf Küchenpapier abtropfen lassen.

Weich gegarte **KARTOFFEL** und **ÄPFEL** mit **BUTTER** zerstampfen und mit Salz und Pfeffer würzen. Mit **RÖSTZWIEBELN** und den **WÜRSTEN** anrichten.

4 *Personen*	**5 MIN** *Zubereitung* **30 MIN** *Ruhen*	*Salz* *Pfeffer*

SAHNE-HERINGE

1 *Schalotte*

1 *süßer Apfel (ca. 100g)*

1 *Zitrone*

3 *Stängel Dill oder Petersilie*

200 g *Schmand*

6 *Bismarckheringe*

SCHALOTTE schälen und fein würfeln. **APFEL** schälen, entkernen und in kleine Würfel schneiden.

ZITRONE auspressen und **KRÄUTER** fein hacken. Beides mit **SCHALOTTEN-** und **APFELWÜRFEL** sowie mit **SCHMAND** verrühren. Nach Belieben mit Salz und Pfeffer würzen.

Mindestens 30 Minuten ziehen lassen, dann über die **HERINGE** geben und servieren.

1

2

3

4

5

6

FLEISCH- & FISCHGERICHTE

1

2

3

4

5

6

4 *Personen* | **15 MIN** *Zubereitung* **1 STD** *Kühlen* | *Salz* *Pfeffer*

CEVAPCICI ZUM BRATEN ODER GRILLEN

1 *Schalotte*

1–2 *Knoblauchzehen*

600 g *Lammhackfleisch (oder Schwein/Rind gemischt)*

2 TL *Paprikapulver*

1 EL *Ajvar*

20 g *Mehl*

SCHALOTTE und **KNOBLAUCH** schälen und fein würfeln.

Mit **HACKFLEISCH, PAPRIKAPULVER, AJVAR** und **MEHL** vermischen und leicht kneten. Mit Salz und Pfeffer würzen. Aus der Masse kleine Rollen formen und mindestens 1 Stunde kalt stellen.

Die **CEVAPCICI** in der Pfanne braten oder auf Holzspieße stecken und grillen.

4 *Personen* | **20 MIN** *Zubereitung* | *Salz Pfeffer*

GEDÄMPFTER FISCH MIT ZITRONENBUTTER

2 *Bio-Zitronen*
60 g *weiche Butter*
1 *Knoblauchzehe, gepresst*
600 g *weiße Fischfilets*
1 *Tomate*
5 Stängel *Petersilie, grob gehackt*

Schale von 1 **ZITRONE** abreiben, ½ **ZITRONE** auspressen. Saft, 1 TL **ZITRONENSCHALE, BUTTER** und **KNOBLAUCH** gut miteinander verrühren.

Die **FISCHFILETS** mit Salz und Pfeffer würzen, auf einer Seite mit der **ZITRONENBUTTER** bestreichen und locker in Klarsichtfolie wickeln. In einem entsprechenden Topf Wasser aufkochen. **FISCHFILETS** in den dazugehörigen Dämpfeinsatz legen und in 6 bis 8 Minuten bei starker Hitze dämpfen. Die **TOMATE** in dicke Scheiben schneiden und in den letzten Garminuten mitdämpfen.

Restliche **ZITRONE** in Scheiben schneiden. Den **FISCH** mit **TOMATE** und **ZITRONE** anrichten und mit **PETERSILIE** bestreuen.

1

2

3

4

5

6

Da muss noch Salz ran!

1

2

3

4

5

6

4 *Personen* | **25 MIN** *Zubereitung* | *Salz* *Pfeffer*

FISCH-FRIKADELLEN

400 g *weiße Fischfilets*

2 *Frühlingszwiebeln*

80 ml *Milch*

80 g *Panko*

2 *Eier*

50 g *Butterschmalz*

FISCHFILETS in der Küchenmaschine oder mit einem scharfen Messer sehr fein zerkleinern.

FRÜHLINGSZWIEBELN putzen, fein würfeln.

FISCHFILET mit **MILCH**, 30 g **PANKO, EIERN**, 1 TL Salz sowie mit den **FRÜHLINGSZWIEBELN** verkneten und mit Salz und Pfeffer abschmecken.

Die Masse zu Frikadellen formen und in restlichem **PANKO** panieren.

BUTTERSCHMALZ in einer Pfanne erhitzen und die Fischfrikadellen von beiden Seiten knusprig goldbraun braten.

1

2

3

4

5

6

4 *Personen als Vorspeise* | **25 MIN** *Zubereitung*

MUSCHELN MIT KNOBLAUCH & KRÄUTERN

1 Bund *Petersilie*
4 *Knoblauchzehen*
50 g *Butter*
500 ml *Gemüsebrühe*
200 ml *trockener Weißwein*
800 g *Miesmuscheln, küchenfertig*

PETERSILIE säubern, abzupfen und fein hacken. **KNOBLAUCH** schälen und fein würfeln.

In einem breiten Topf **BUTTER** erhitzen und darin den **KNOBLAUCH** 1 Minute andünsten. Die Hälfte der **PETERSILIE** hinzufügen, mit **GEMÜSEBRÜHE** sowie mit **WEISSWEIN** aufgießen und kurz aufkochen lassen.

Die **MIESMUSCHELN** einlegen und bei geschlossenem Topf in etwa 5 Minuten garen. Die **MUSCHELN** öffnen sich dabei. Alle geschlossenen **MUSCHELN** wegwerfen.

Zum Servieren die **MUSCHELN** in eine Schüssel füllen, mit dem verbliebenen Kochsud übergießen und mit der restlichen **PETERSILIE** bestreuen.

1 

2 

3 

4 

5 

6 

4 *Personen als Vorspeise*	**15 MIN** *Zubereitung*	*Salz Pfeffer*

RÄUCHERFORELLEN-LACHS-TATAR

250 g *Lachs*
125 g *geräucherte Forellenfilets*
1 *Frühlingszwiebel*
4 Stängel *Koriander, zerzupft*
1 EL *Limettensaft*
2 EL *Olivenöl*

Den **LACHS** sowie das **FORELLENFILET** in sehr feine Stücke schneiden. Die **FRÜHLINGSZWIEBEL** putzen und fein würfeln. Den **KORIANDER** waschen und fein hacken.

Die **FISCHSTÜCKE** mit **FRÜHLINGSZWIEBEL, KORIANDER**, **LIMETTENSAFT** und **OLIVENÖL** locker vermengen. Mit Salz und Pfeffer abschmecken und auf Löffeln oder in Gläschen servieren.

TIPP

Anstatt Koriandergrün Petersilie verwenden.

1

2

3

4

5

6

4 *Personen* | **35 MIN** *Zubereitung* | *Salz Pfeffer*

FISCH IM BANANENBLATT

20 g *Ingwer*
4 EL *Sambal Oelek*
8 EL *Kokosmilch*
1 *Bund Koriandergrün, fein gehackt*
4 *Bananenblätter*
4 *Fischfilets (à 150 g)*

INGWER schälen, fein hacken und mit **SAMBAL OELEK, KOKOSMILCH** und **KORIANDER** (bis auf 1 EL) gut verrühren.

BANANENBLÄTTER (ca. 20 x 30 cm) bereitlegen und großzügig mit der **WÜRZPASTE** einstreichen. Die **FISCHFILETS** darauflegen und mit Salz und Pfeffer würzen. Die **BANANENBLÄTTER** zu Päckchen falten und verschnüren oder mit Holzspießen fixieren.

In einem Topf oder in einem Wok 500 ml Wasser aufkochen. Die **FISCHPÄCKCHEN** in einen Dämpfeinsatz legen und mit einem Deckel verschlossen etwa 25 Minuten sanft garen.

Zum Servieren die **BANANENBLÄTTER** öffnen und den **FISCH** mit etwas **KORIANDER** bestreuen.

1

2

3

4

5

6

4 *Personen* | **30 MIN** *Zubereitung* | *Salz* *Pfeffer*

LACHS MIT FLÜSSIGEM SAFRANREIS

40 g *Butterschmalz*
50 g *Rundkornreis (z. B. für Risotto)*
½ g *Safranfäden*
250 ml *warme Gemüsebrühe*
600 g *Lachsfilets*
1 *Bio-Zitrone*

20 g **BUTTERSCHMALZ** in einem Topf erhitzen und den **RUNDKORNREIS** unter Rühren andünsten.

SAFRAN und **GEMÜSEBRÜHE** hinzufügen und den Reis etwa 20 Minuten garen.

LACHSFILETS mit Salz und Pfeffer würzen und in einem Dämpfeinsatz über heißem Wasser etwa 15 Minuten sanft garen.

Inzwischen von der **ZITRONE** die Schale abreiben und den Saft auspressen.

20 g **BUTTERSCHMALZ** zerlassen und mit etwas **ZITRONENSAFT** und **-SCHALE** verrühren und mit Salz und Pfeffer würzen; anschließend warm halten.

Restlichen **ZITRONENSAFT** und **-SCHALE** zum **REIS** geben und diesen mit einem Stabmixer pürieren.

Den flüssigen **REIS** auf einen Teller geben, den **FISCH** darauf anrichten und mit **ZITRONEN-BUTTERSCHMALZ** bestreichen.

TIPP

Nach Belieben mit Koriandergrün oder Petersilie garnieren.

1

2

3

4

5

4 *Personen* | **35 MIN** *Zubereitung* | *Salz Pfeffer* | *Öl*

GELBES FISCHCURRY

2 *große Frühlingszwiebeln*

2 EL *gelbe Currypaste*

1 l *Gemüsebrühe*

200 ml *Kokosmilch*

700 g *weißes Fischfilet (z. B. Seelachs oder Kabeljau)*

FRÜHLINGSZWIEBELN waschen und schräg in Stücke schneiden. 2 EL Öl in einem Topf oder Wok erhitzen und darin die **FRÜHLINGSZWIEBELN** kurz anschwitzen.

CURRYPASTE einrühren, 1 Minute rühren und mit **GEMÜSEBRÜHE** und **KOKOSMILCH** aufgießen. Einige Minuten leise köcheln lassen.

Das **FISCHFILET** waschen, in mundgerechte Stücke schneiden und mit Salz und Pfeffer würzen. Zum Garen einige Minuten in den **CURRYSUD** legen.

FISCH auf tiefen Tellern anrichten und mit dem **CURRYSUD** aufgießen.

WECK

1

2

3

4

5

4 *Personen* | **25 MIN** *Zubereitung* **3 STD** *Kühlen* | *Salz Pfeffer* | *Zucker*

GELIERTES ZWIEBELHÜHNCHEN

500 ml *leichte Hühnerbrühe*
400 g *Hähnchenbrustfilet*
1 *rote Zwiebel*
4 Blatt *Gelatine (für ca. 400 ml Flüssigkeit)*
60 ml *Reisessig*

HÜHNERBRÜHE mit 6–8 Pfefferkörnern aufkochen. **HÄHNCHENBRUSTFILETS** grob zerteilen. **ZWIEBEL** schälen und achteln. Beides in die leicht köchelnde **BRÜHE** geben und etwa 15 Minuten ziehen lassen. Mit einem Schaumlöffel wieder aus der **BRÜHE** nehmen, das **HÄHNCHENFLEISCH** in mundgerechte Stücke zupfen und mit den **ZWIEBELN** in Einmachgläser verteilen.

GELATINE nach Packungsangabe auflösen, 350 ml von der **BRÜHE** abmessen. Die gelöste **GELATINE, REISESSIG**, ½ TL Zucker und ½ TL Salz in die **BRÜHE** rühren und kurz aufkochen.

In die Einmachgläser gießen und sofort verschließen. Im Kühlschrank mehrere Stunden auskühlen lassen.

1

2

3

4

5

6

4 *Personen* | **25 MIN** *Zubereitung*

ERDBEER-RISOTTO

1 *Schalotte*

2 EL *Olivenöl*

200 g *Risottoreis*

600 ml *Gemüsebrühe*

200 g *Erdbeeren*

40 g *Parmesan, gerieben*

SCHALOTTE schälen und klein würfeln. In 2 EL **OLIVENÖL** anschwitzen und den **RISOTTOREIS** hinzufügen.

Unter gelegentlichem Umrühren immer wieder mit **GEMÜSEBRÜHE** angießen und den **REIS** in etwa 20 Minuten fertig garen.

In der Zwischenzeit die **ERDBEEREN** in kleine Würfel schneiden. Am Ende der Garzeit **PARMESAN** und die **ERDBEEREN** unter den **REIS** rühren.

Ein wenig **PARMESAN** und einige **ERDBEER-WÜRFEL** zum Garnieren zurückbehalten.

1

2

3

4

5

6

4 Personen	**30 MIN** *Zubereitung*	*Salz Pfeffer*	*Öl*

ZITRONIGE BELUGA-LINSEN MIT LAUCH & PILZEN

400 g *Beluga-Linsen*
8 *Egerlinge*
1 Stange *Lauch*
200 g *Crème fraîche*
1 *Bio-Zitrone*
1 kleines Bund *Koriander oder Petersilie*

LINSEN in 800 ml Wasser etwa 15 Minuten garen.

EGERLINGE und **LAUCH** putzen, klein schneiden und in 2 EL Öl einige Minuten andünsten. Mit Salz und Pfeffer würzen.

CRÈME FRAÎCHE zu den **LINSEN** geben und einige Minuten leise köcheln lassen. Nach Belieben mit Salz und Pfeffer abschmecken.

Von der **ZITRONE** die Schale fein abreiben und den Saft auspressen. **ZITRONENSCHALE** und **SAFT, LAUCH** und **EGERLINGE** unter die **LINSEN** mischen. Mit **KORIANDERBLÄTTCHEN** garnieren und servieren.

TIPP

Piment d'Espelette ist ein französisches Chili mit süß-scharfem Aroma.

1

2

3

4

5

6

4 *Personen* | **50 MIN** *Zubereitung* | *Salz Pfeffer*

KICHERERBSEN-SÜSSKARTOFFEL-STEW

300 g *Süßkartoffel*
25 g *Bohnenkraut*
400 g *Kichererbsen (Dose)*
200 g *rotes Pesto*
2 TL *Piment d'Espelette*
200 g *Cocktailtomaten*

SÜSSKARTOFFEL schälen, in Würfel schneiden und in Salzwasser mit **BOHNENKRAUT** etwa 15 Minuten garen.

Inzwischen den Backofen auf 200 °C Ober-/Unterhitze vorheizen.

Die **SÜSSKARTOFFELN** abgießen. **KICHERERBSEN** und **SÜSSKARTOFFELN** in einer Auflaufform mit **ROTEM PESTO, PIMENT D´ESPELETTE** sowie **TOMATEN** locker vermengen. Im vorgeheizten Ofen 15–20 Minuten backen.

Mit Salz und Pfeffer abschmecken und servieren.

1

2

3

4

5

6

4 *Personen* | **25 MIN** *Zubereitung* | *Salz Pfeffer* | *Öl*

PENNE „ONE POT" MIT GRÜNEN BOHNEN & SPECK

1 *Schalotte*
100 g *durchwachsener Speck*
200 g *Buschbohnen*
300 g *Penne*
250 g *Kräuterfrischkäse*
1 kleines Bund *Petersilie, gehackt*

SCHALOTTE schälen und mit dem **SPECK** fein würfeln. In einem Topf 1 EL Öl erhitzen, darin die **SCHALOTTENWÜRFEL** kurz andünsten und die **SPECKWÜRFEL** hinzufügen.

Inzwischen **BOHNEN** putzen und zerteilen. Zusammen mit den **PENNE-NUDELN, FRISCHKÄSE** und 800 ml Wasser zu dem **SPECK** und den **SCHALOTTEN** geben. Nach dem Aufkochen die Hitze reduzieren und den „One Pot" unter gelegentlichem Rühren etwa 15 Minuten garen.

Mit Salz und Pfeffer würzen und mit der **PETERSILIE** bestreut servieren.

1

2

3

4

5

6

4 *Personen* | **25 MIN** *Zubereitung* | *Salz Pfeffer* | *Öl*

HÖRNCHEN-NUDELN MIT GORGONZOLA-WALNUSS-SOSSE

250 g *Champignons*

60 g *Walnusskerne, gehackt*

1 *rote Zwiebel*

3–4 Stängel *Salbei*

250 g *Gorgonzola*

300 g *Hörnchennudeln*

PILZE putzen, vierteln und beiseitestellen.

WALNUSSKERNE in einer beschichteten heißen Pfanne ohne Fett rösten.

ZWIEBEL schälen, fein würfeln und in 2 EL Öl in einem Topf andünsten. Zwei Drittel der **SALBEIBLÄTTER** grob hacken und dazugeben.

GORGONZOLA in Stücke brechen und zusammen mit den **HÖRNCHENNUDELN,** Salz und 800ml Wasser hinzufügen. Nach dem ersten Aufkochen und gelegentlichem Umrühren die **NUDELN** in etwa 12 bis 15 Minuten garen.

Kurz vor Ende der Garzeit in 3 EL heißem Öl die restlichen **SALBEIBLÄTTER** frittieren. Zum Entfetten auf Küchenpapier legen.

PILZE in das noch heiße Fett geben und 2 Minuten anbraten. Die **NUDELN** mit Salz und Pfeffer abschmecken.

Mit **PILZEN,** gerösteten **WALNÜSSEN** und frittiertem **SALBEI** anrichten.

4 *Personen* | **30 MIN** *Zubereitung* **1 STD** *Ruhen* | *Salz* *Pfeffer*

FUSILLI MIT SELBST GEMACHTEM ZITRONEN-RICOTTA

1 l *Milch*

200 g *Sahne*

1 ½ *Bio-Zitronen*

400 g *Fusilli*

2 EL *Parmesan, gehobelt*

½ Bund *Rucola*

MILCH, SAHNE, 1 Prise Salz und **ZITRONENSAFT** in einem Topf verrühren und unter ständigem Rühren 3–5 Minuten bei maximal 90 °C ausflocken bzw. gerinnen lassen.

Dann ohne Hitze 15 Minuten stehen lassen und anschließend in ein mit einem Tuch ausgelegtes Haarsieb geben und 1 Stunde abtropfen lassen.

NUDELN bissfest garen, noch heiß mit **RICOTTA, ZITRONENSCHALE, RUCOLA** und **PARMESAN** vermischen. Mit Salz und Pfeffer würzen.

1

2

3

4

5

6

1

2

3

4

5

6

4 *Personen*	**30 MIN** *Zubereitung* **30 MIN** *Ruhen*	*Salz* *Pfeffer*	*Olivenöl*

RAVIOLI MIT MORTADELLA & HÄHNCHENBRUST

150 g *Hartweizengrieß*

150 g *Weizenmehl*

200 g *Hähnchenbrustfilet*

150 g *Mortadella*

150 g *Parmesan, gerieben*

2 *Eier*

Aus **HARTWEIZENGRIESS, MEHL,** 130 ml Wasser und 1 TL Salz mit den Händen oder in der Küchenmaschine einen geschmeidigen Teig kneten. Mit Klarsichtfolie umhüllen und 30 Minuten ruhen lassen.

In der Zwischenzeit **HÄHNCHENBRUST** sowie **MORTADELLA** zuerst klein schneiden und dann fein hacken. In einer Schüssel zusammen mit 120 g **PARMESAN** und 1 **EI** verkneten.

Das zweite **EI** trennen. Den **NUDELTEIG** dünn ausrollen und in zwei Hälften teilen. Aus der **FLEISCHMASSE** kirschgroße Kugeln formen und mit 5cm Abstand auf die eine Hälfte des **NUDELTEIGS** setzen. Die Zwischenräume mit **EIGELB** bestreichen. Die zweite Hälfte des **NUDELTEIGS** über die Füllung legen, den Teig andrücken und dann mit einem kleinen Glas die **RAVIOLI** ausstechen.

Die Ränder noch einmal gut andrücken, dann die **RAVIOLI** in siedendem Salzwasser 4–5 Minuten ziehen lassen.

Nach Belieben mit **PARMESAN**, 1 Spritzer Olivenöl und etwas Pfeffer servieren.

1

2

3

4

5

6

4 *Personen* | **40 MIN** *Zubereitung* **30 MIN** *Ruhen* | *Salz* *Pfeffer*

TAGLIATELLE MIT SALSICCIA-TOMATEN-SOSSE

300 g *Weizenmehl*
3 *Eier*
400 g *Salsiccia*
1 Dose *Tomaten (400 g, stückig)*
1 kleines Bund *Rucola*
nach Belieben *Parmesan, gerieben*

Aus **MEHL, EIERN,** 2 EL Wasser und 1 TL Salz mit den Händen oder in der Küchenmaschine einen geschmeidigen Teig kneten. In Klarsichtfolie hüllen und etwa 30 Minuten ruhen lassen.

Den Teig dünn ausrollen, mit der Nudelmaschine zu **TAGLIATELLE** formen oder von Hand in 4mm breite Streifen schneiden.

Das **WURSTBRÄT** aus der **SALSICCIA** drücken und in der Pfanne scharf anbraten. **TOMATEN** zugeben, 6–8 Minuten einkochen lassen und mit Salz und Pfeffer abschmecken.

TAGLIATELLE in siedendem Wasser 4–5 Minuten garen, kurz abtropfen lassen und in die Sauce geben.

Auf vier Tellern anrichten, nach Belieben mit klein geschnittenem **RUCOLA** und **PARMESAN** bestreuen und servieren.

1

2

3

4

5

6

4 *Personen*	**30 MIN** *Zubereitung* **30 MIN** *Ruhen*	*Salz* *Pfeffer*

FRÜHLINGSPASTA MIT SPARGEL-RICOTTA-FÜLLUNG

300 g *Hartweizengrieß*
3 *Eier*
200 g *grüner Spargel*
70 g *Parmesan, fein gerieben*
100 g *Ricotta*
25 g *Butter*

Aus **HARTWEIZENGRIESS,** 100 ml Wasser, 1 **EI** sowie 1 TL Salz mit den Händen oder in einer Küchenmaschine einen geschmeidigen Teig kneten. In Klarsichtfolie hüllen und 30 Minuten ruhen lassen.

Den **GRÜNEN SPARGEL** in kleine Stücke schneiden und in Salzwasser etwa 8 Minuten garen. Die **SPARGELSPITZEN** beiseitelegen und die restlichen **SPARGELSTÜCKE** mit 2 EL Kochwasser mit einem Stabmixer fein pürieren. Zusammen mit 50 g **PARMESAN, RICOTTA** und 1 **EIGELB** verrühren und mit Salz und Pfeffer würzen.

Den Teig ausrollen und 10 x 10 cm große Quadrate ausschneiden. Teigränder mit **EIGELB** bestreichen und je 1 TL **RICOTTA-SPARGEL-MISCHUNG** auf den Teig geben. Zum Dreieck umklappen und andrücken. In siedendem Salzwasser 4–5 Minuten ziehen lassen.

In einer Pfanne **BUTTER** zerlassen, bis sie schäumt. **RAVIOLI** und **SPARGELSPITZEN** hinzufügen und kurz erhitzen. Auf Teller anrichten und mit **PARMESAN** bestreuen.

4 *Personen* | **35 MIN** *Zubereitung* **30 MIN** *Ruhen* | *Salz* *Pfeffer*

PICI MIT PANCETTA & SALBEI

1

2

3

4

5

300 g *Hartweizengrieß*

1 *Ei*

200 g *Pancetta (in Scheiben)*

3 Stängel *Salbei*

1 kleines Bund *Petersilie, grob gehackt*

Aus **HARTWEIZENGRIESS,** 100 ml Wasser, dem **EI** und 1 TL Salz mit den Händen oder in einer Küchenmaschine einen geschmeidigen Teig kneten. In Klarsichtfolie hüllen und 30 Minuten ruhen lassen.

Teig ausrollen, in ½ cm dicke Streifen schneiden und mit der Hand darüberrollen. Die **PICI** in siedendem Salzwasser 4–5 Minuten ziehen lassen.

PANCETTA mit dem **SALBEI** scharf anbraten. Die gegarten **PICI** hinzufügen und kurz unterrühren. **PETERSILIE** über die **NUDELN** geben, mit Salz und Pfeffer abschmecken und servieren.

1

2

3

4

5

6

4 *Personen* | **35 MIN** *Zubereitung* **35 MIN** *Ruhen & Backen* | *Salz*

KÄSEKNÖPFCHEN MIT RÖSTZWIEBELN & RUCOLA-STROH

300 g *Hartweizengrieß*

1 *Ei*

500 ml *Frittieröl*

4 *Zwiebeln*

1 Bund *Rucola*

250 g *würziger Käse (Bergkäse oder Gruyère)*

Aus **HARTWEIZENGRIESS, 1 EI**, 100 ml Wasser und 1 TL Salz mit einem elektrischen Handrührgeräts einen festen Teig rühren. In einem großen Topf genügend Salzwasser aufkochen und mit einem Spätzlehobel die **KNÖPFCHEN** ins Wasser schaben. Kurz aufwallen lassen und mit einem Schaumlöffel herausnehmen.

Inzwischen den Backofen auf 200 °C Ober-/Unterhitze vorheizen.

Die **ZWIEBELN** schälen, in Scheiben schneiden und in dem **FRITTIERÖL** knusprig frittieren. Zum Entfetten auf Küchenpapier legen. **RUCOLA** zuletzt kurz frittieren.

Die **KNÖPFCHEN** in einer ofenfesten Form mit **KÄSE** locker vermengen und für etwa 10 Minuten im Ofen backen. In den letzten 2 Minuten **ZWIEBELN** und **RUCOLA** auf den **KÄSEKNÖPFCHEN** verteilen.

1 

2 

3 

4 

5 

6 

4 *Personen* | **20 MIN** *Zubereitung* **1 STD** *Ruhen* | *Salz*

QUARK-GNOCCHI

3 *Eier (Eigelb)*

750 g *Ricotta oder Magerquark*

75 g *Hartweizengrieß*

75 g *Kartoffelpüree-Flocken*

120 g *Parmesan*

1 kleines Bund *Petersilie, fein gehackt*

Die **EIER** trennen. **EIGELB, RICOTTA,** Salz und **HARTWEIZENGRIESS** sowie die **KARTOFFELPÜREE-FLOCKEN** mit 100 g **PARMESAN** gut verrühren und verkneten. Den Teig abgedeckt 1 Stunde ruhen lassen.

Auf einer gut bemehlten Arbeitsfläche aus dem Teig mit der Hand lange Rollen formen und 2 cm breite Stücke davon abschneiden. Teigstücke mit leichtem Druck über die Zinken einer Gabel rollen (oder auf einem speziellen Gnocchibrett formen).

In einem Topf Salzwasser zum Sieden bringen und **GNOCCHI** (ggf. portionsweise) hineingeben und 5 Minuten ziehen lassen.

Mit einem Schaumlöffel herausnehmen, auf Teller verteilen und nach Belieben mit **PETERSILIE** und **PARMESAN** bestreuen.

1 

2 

3 

4 

5 

6 

4 *Personen* | **50 MIN** *Zubereitung* | *Salz Pfeffer* | *Öl*

FARFALLE À LA COLA-BOLO

1 *große rote Zwiebel*
75 g *Knollensellerie*
500 g *Rinderhackfleisch*
300 ml *Cola*
1 Dose *Tomaten (400 g, stückig)*
400 g *Farfalle*

Die **ZWIEBEL** und den **SELLERIE** schälen und fein würfeln. In einer Pfanne in 2 EL heißem Öl 2 Minuten andünsten.

RINDERHACKFLEISCH hinzufügen und unter Rühren krümelig braten. Mit **COLA** ablöschen, **TOMATEN** einrühren und mit Salz und Pfeffer würzen. Bei kleiner Hitze leise köcheln lassen.

Inzwischen die **FARFALLE** nach Packungsangabe in Salzwasser bissfest garen und dann unter die **HACKFLEISCHSAUCE** schwenken.

1

2

3

4

5

6

4 *Personen* | **30 MIN** *Zubereitung* | *Salz* *Pfeffer* | *Olivenöl*

KÜRBISRISOTTO MIT KARAMELLISIERTEN KÜRBISKERNEN

2 EL *Zucker*
4 EL *Kürbiskerne*
250 g *Hokkaido-Kürbis*
600 ml *Gemüsebrühe*
200 g *Risottoreis*
60 g *Parmesan*

In einer Pfanne den **ZUCKER** bei starker Hitze in 4 EL Wasser auflösen.

Die **KÜRBISKERNE** hinzufügen und unter Rühren karamellisieren, dann beiseitestellen.

KÜRBIS klein schneiden und in einem Topf mit 100 ml **GEMÜSEBRÜHE** bei kleiner Hitze 15 Minuten garen. In einem Topf 1 EL Olivenöl erhitzen und darin den **RISOTTOREIS** einrühren.

Unter gelegentlichem Rühren nach und nach 600 ml **GEMÜSEBRÜHE** hinzufügen und insgesamt etwa 20 Minuten garen.

Kurz vor Ende der Garzeit die **KÜRBISSTÜCKE** mit einem Stabmixer pürieren und unter das **RISOTTO** mischen.

Mit Salz und Pfeffer würzen und **PARMESAN** einrühren. Mit den karamellisierten **KÜRBISKERNEN** bestreut servieren.

1 

2 

3 

4 

5 

6 

4 *Personen* | **40 MIN** *Zubereitung* | *Salz Pfeffer*

LINSEN MIT PETERSILIENÖL & STREMELLACHS

1 Bund *Petersilie, grob gehackt*
1½ *Zitronen*
100 ml *Olivenöl*
300 g *Berglinsen*
2 *Möhren*
200 g *Stremellachs*

PETERSILIE waschen, abzupfen und fein hacken.

Die **ZITRONEN** auspressen. **ZITRONENSAFT, OLIVENÖL** und **PETERSILIE** mit 1 kräftigen Prise Salz gut verrühren.

Die **LINSEN** mehrmals waschen und in einem Topf mit 600 ml Wasser und Salz zum Kochen aufstellen. Die Garzeit beträgt etwa 30 Minuten.

Inzwischen die **MÖHREN** schälen und in kleine Würfel schneiden.

In einer Pfanne 1 EL **OLIVENÖL** erhitzen und darin die **MÖHRENWÜRFEL** andünsten.

Die abgetropften und gegarten **LINSEN** unterschwenken, mit Salz und Pfeffer würzen und auf Teller verteilen.

Den **LACHS** mit einer Gabel leicht zupfen und auf die **LINSEN** geben. Das **PETERSILIEN-ZITRONENÖL** dazu reichen.

1

2

3

4

5

6

4 *Personen* | **45 MIN** *Zubereitung* | *Salz* *Pfeffer*

MAISPÜREE MIT FENCHEL & BRATWURSTSPIESS

4 Kolben *Zuckermais*

2 *Fenchelknollen mit Grün*

100 g *Butter*

100 g *Crème fraîche*

4 *grobe Bratwürste*

8 *Cocktailtomaten*

Die **MAISKOLBEN** putzen und in siedendem Salzwasser etwa 25 Minuten garen.

Inzwischen den **FENCHEL** putzen und den harten Strunk entfernen. **FENCHELGRÜN** beiseitelegen und den **FENCHEL** in Scheiben schneiden. Die **MAISKÖRNER** mit einem Messer von den Kolben schneiden.

In einem Topf 50 g **BUTTER** erhitzen und darin **MAISKÖRNER** mit **CRÈME FRAÎCHE** und dem **FENCHELGRÜN** leicht erwärmen. Mit einem Stabmixer alles pürieren und mit Salz und Pfeffer würzen; warm halten.

BRATWÜRSTE in Stücke schneiden. Restliche **BUTTER** in einer Pfanne zerlassen und die **WURST** darin braten. In den letzten Minuten den **FENCHEL** hinzugeben und mitbraten.

BRATWURSTSTÜCKE und **TOMATEN** abwechselnd auf Spieße stecken. Das **MAISPÜREE** anrichten, mit **FENCHEL** und den Spießen servieren.

1

2

3

4

5

6

4 *Personen*	**15 MIN** *Zubereitung* **30 MIN** *Ruhen*	*Salz* *Pfeffer*

SOJABOHNEN MIT FETA & MINZE

1 *Bio-Orange*

2 cm *Ingwer*

300 g *Sojabohnen ohne Schote*

3 EL *Olivenöl*

1 kleines Bund *Minze*

100 g *Feta*

Mit einem scharfen Messer ¼ von der Schale der **ORANGE** dünn abschälen und in feine Streifen schneiden. Den **INGWER** schälen und reiben.

In einem Topf 500ml Wasser mit **ORANGENSCHALENSTREIFEN** und **INGWER** aufkochen. Die **SOJABOHNEN** mit einem Sieb einhängen und in dem Würzsud 5–6 Minuten garen.

Inzwischen die **ORANGE** auspressen. 6 EL **ORANGENSAFT** mit **OLIVENÖL** mischen. Fein gehackte **MINZE** hinzugeben und die Marinade mit Salz und Pfeffer würzen.

Die **SOJABOHNEN** abtropfen lassen, mit der Marinade verrühren und 30 Minuten ziehen lassen. Zum Servieren den **FETA** zerbröseln und über die **SOJABOHNEN** geben

1

2

3

4

5

6

4 *Personen* | **25 MIN** *Zubereitung* **20 MIN** *Backen* | *Salz* *Pfeffer* | *Olivenöl*

NUDELAUFLAUF MIT FENCHEL & LACHS

400 g *kurze Nudeln*
1 *Fenchelknolle*
300 g *Lachs*
120 g *Mini-Mozzarella-Kugeln*
200 g *Sahne*
2 *Eier*

NUDELN in einen Topf geben und in Salzwasser nach Packungsanweisung garen.

Inzwischen den Backofen auf 220 °C Ober-/Unterhitze vorheizen.

FENCHEL vierteln, Strunk herausschneiden und **FENCHEL** in dünne Scheiben schneiden. **FENCHELGRÜN** beiseitelegen.

Den **LACHS** in Würfel schneiden. In einer Pfanne 2EL **OLIVENÖL** erhitzen und darin die **FENCHELSCHEIBEN** einige Minuten andünsten. Die **LACHSWÜRFEL** für 2 Minuten mitbraten und alles mit Salz und Pfeffer würzen.

NUDELN ausdampfen lassen, dann in eine ausgefettete Tarteform geben. **FENCHEL, LACHS** und **MOZZARELLA** locker unterheben.

SAHNE und **EIER** mit Salz und Pfeffer verquirlen und über die Zutaten in der Tarteform gießen.

Im Ofen 15–20 Minuten backen. Zum Servieren mit gehacktem **FENCHELGRÜN** bestreuen.

1

2

3

4

5

6

4 *Personen*	**25 MIN** *Zubereitung*	*Salz* *Pfeffer*	*Öl*

REISSCHNITZEL MIT SOUR CREAM

150 g *Reis*
3 TL *edelsüßes Paprikapulver*
3 *Eier*
3 EL *Mehl*
100 ml *Milch*
250 g *saure Sahne*

REIS nach Packungsangabe in Salzwasser mit **PAPRIKAPULVER** garen. Anschließend den gekochten **REIS** auskühlen lassen.

EIER, MEHL und **MILCH** hinzufügen und alles gut verkneten.

Etwas Öl in einer Pfanne erhitzen, den **REISTEIG** portionsweise zu kleinen Schnitzeln ausbacken. Mit Salz und Pfeffer würzen und mit einem Klecks **SAURER SAHNE** servieren.

4 *Personen* | **25 MIN** *Zubereitung* | *Salz*

ANTIPASTI-PASTA

1

2

3

4

5

6

1 *gelbe Paprika*
1 *Aubergine*
50 g *Pinienkerne*
75 g *Parmesan*
130 ml *Olivenöl*
320 g *Nudeln*

PAPRIKA waschen und entkernen. **PAPRIKA** und **AUBERGINE** in kleine Würfel schneiden. In einer Pfanne 2 EL Olivenöl erhitzen und das **GEMÜSE** darin anbraten.

PINIENKERNE in einer zweiten Pfanne ohne Fett anrösten. Je 1 EL **GEMÜSE, PINIENKERNE** und **PARMESAN** beiseitestellen.

Restliches **GEMÜSE, PINIENKERNE** und **PARMESAN** mit dem Olivenöl vermischen und mit einem Stabmixer oder in einer Küchenmaschine fein pürieren.

Die **NUDELN** laut Packungsangabe in Salzwasser bissfest garen. **NUDELN** abgießen und die Soße unter die **NUDELN** mischen, evtl. ein paar Löffel **NUDELWASSER** hinzufügen.

NUDELN anrichten und mit **GEMÜSE, PARMESAN** und **PINIENKERNEN** garnieren.

4 *Personen*	**1 STD 30 MIN** *Zubereitung* **8 STD** *Einweichen*	*Salz* *Pfeffer*	*Öl*

BAKED BEANS

500 g *Cannellini-Bohnen*
1 *Zwiebel*
1 l *passierte Tomaten*
2 *Lorbeerblätter*
250 ml *Apfelsaft*
250 g *durchwachsener Speck*

BOHNEN über Nacht einweichen, anschließend nach Packungsangabe garen.

In der Zwischenzeit die **ZWIEBEL** schälen, fein würfeln und in einem Topf in 1 EL Öl andünsten.

TOMATEN, 1 TL Salz, **LORBEERBLÄTTER** sowie den **APFELSAFT** hinzufügen. Die Sauce bei mittlerer Hitze etwa 20 Minuten schmoren und einkochen lassen. Mit Salz und Pfeffer würzen.

Den **SPECK** in kleine Stücke schneiden und in einer Pfanne auslassen und kross braten.

Dann mit den **BOHNEN** zur Soße geben, alles nochmals 2 Minuten köcheln lassen und servieren.

1

2

3

4

5

6

1

2

3

4

5

6

4 *Personen*	**50 MIN** *Zubereitung*	*Salz* *Pfeffer*	*Öl*

BREZEL-SERVIETTENKNÖDEL

4 *Brezeln (vom Vortag)*
200 ml *Milch*
1 *Zwiebel*
50 g *Räucherspeck, gewürfelt*
2 *Eier*
1 Bund *Schnittlauch*

BREZELN in Stücke brechen und in eine Schüssel geben. Mit erwärmter **MILCH** begießen.

ZWIEBEL schälen und fein würfeln. Zusammen mit den **SPECKWÜRFELN** in 1 EL Öl glasig dünsten und den Pfanneninhalt zu den **BREZELN** geben.

Mit Salz (vorsichtig) und Pfeffer würzen, **EIER** einschlagen und alles zu einem Teig kneten. 5 Minuten ruhen lassen.

Aus dem Teig mit befeuchteten Händen 2 Rollen formen und fest mit Klarsichtfolie einwickeln. Vorsichtig in siedendes Salzwasser legen und die **BREZEL-SERVIETTENKNÖDEL** in etwa 20 Minuten gar ziehen lassen.

Die Folien entfernen, Rollen in Scheiben schneiden. **SERVIETTENKNÖDEL** mit gehacktem **SCHNITTLAUCH** bestreut servieren.

1 

2 

3 

4 

5 

6 

4 *Personen* | **15 MIN** *Zubereitung* | *Salz Pfeffer* | *Öl*

BULGUR MIT KUMQUATS

80 g *Mandeln*
150 ml *Gemüsebrühe*
250 g *Bulgur (Instant-Couscous)*
200 ml + 3 EL *Orangensaft*
100 g *Kumquats*
3 Stängel *Minze, gehackt*

Die **MANDELN** grob hacken und in einer beschichteten, heißen Pfanne ohne Fett anrösten.

Die **GEMÜSEBRÜHE** erhitzen und über den **BULGUR** gießen. Einige Minuten quellen lassen und dann 200 ml **ORANGENSAFT** zugießen.

KUMQUATS in Scheiben schneiden. In einer Pfanne 2 EL Öl erhitzen, die **KUMQUATS** darin anschwitzen und mit 3 EL **ORANGENSAFT** ablöschen. Kurz einkochen lassen, dann beiseitestellen.

Den **BULGUR** mit einer Gabel lockern und mit **MANDELN** und **KUMQUATS** vermengen. Mit Salz und Pfeffer würzen und mit grob gehackter **MINZE** bestreuen.

1

2

3

4

5

6

4 *Personen* | **25 MIN** *Zubereitung* | *Salz*
Pfeffer

NUSSIGER KÜRBIS-KARTOFFELSTAMPF

5 EL *Haselnüsse*

400 g *mehligkochende Kartoffeln*
400 g *Hokkaido-Kürbis*
200 g *Knollensellerie*
60 g *Butter*
200 g *Sahne*

HASELNÜSSE grob hacken. **KARTOFFELN, KÜRBIS** und **KNOLLENSELLERIE** schälen und in Stücke schneiden.

Mit Salzwasser bedeckt zum Kochen aufstellen und etwa 20 Minuten garen.

Inzwischen die **HASELNÜSSE** in einer Pfanne ohne Fett rösten. In einer zweiten Pfanne die **BUTTER** zerlassen und bräunen, die gerösteten **NÜSSE** unterrühren.

Das **GEMÜSE** mit einem Kartoffelstampfer oder mit einem Stabmixer pürieren. **SAHNE** und **NUSSBUTTER** unterrühren und mit Salz und Pfeffer abschmecken.

1

2

3

4

5

6

4 *Personen* | **10 MIN** *Zubereitung* **20 MIN** *am Vortag* | *Salz* *Pfeffer*

EIERREIS MIT GOMASIO

300 g *Parboiled Reis*
5 EL *Sesamsamen*
3 *Eier*
4 EL *Sesamöl*
3 *Frühlingszwiebeln*
4 *braune Champignons*

Am Vortag den **REIS** nach Packungsanweisung garen und anschließend im Kühlschrank aufbewahren.

Für das Gomasio (Sesamsalz) die **SESAMSAMEN** in einer Pfanne ohne Fett rösten, bis sie duften. In einen Mörser geben und mit 1 TL Salz zerreiben.

Eier mit 2 EL **SESAMÖL** verquirlen. **FRÜHLINGSZWIEBELN** in schmale Ringe und **CHAMPIGNONS** in mundgerechte Stücke schneiden.

2 EL **SESAMÖL** im Wok oder in einer Pfanne stark erhitzen. **FRÜHLINGSZWIEBELN, CHAMPIGNONS,** den **REIS** vom Vortag sowie die verquirlten **EIER** zufügen. Unter Rühren 3–5 Minuten braten, mit Pfeffer abschmecken. Mit Gomasio bestreut servieren.

1

2

3

4

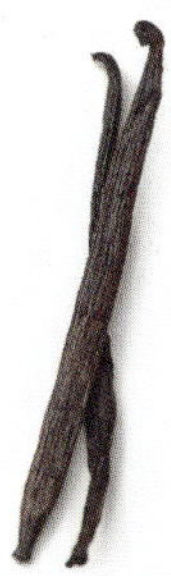

5

6

4 *Personen* | **25 MIN** *Zubereitung* | *Salz*

LEICHT SCHARFER VANILLE-SPITZKOHL

800 g *Spitzkohl*
1 *Schalotte*
30 g *Butter*
1 *Vanilleschote*
1 TL *Piment d'Espelette*
200 g *Sahne*

SPITZKOHL vierteln, den Strunk entfernen und in kleine Stücke schneiden. **SCHALOTTE** schälen und fein würfeln.

BUTTER in einem Topf erhitzen und darin die **SCHALOTTENWÜRFEL** andünsten.

SPITZKOHL einrühren und mit Salz würzen. **VANILLESCHOTE** aufschlitzen, das Mark herauskratzen und **PIMENT D´ESPELETTE** sowie **SAHNE** hinzufügen.

Einmal aufkochen lassen und dann bei kleiner Hitze einige Minuten fertig garen. Sofort servieren.

1 

2 

3 

4 

5 

6 

4 *Personen* | **20 MIN** *Zubereitung* | *Salz Pfeffer*

BULGURSALAT MIT ROTKOHL

700 g *Rotkohl*
120 g *Bulgur (Instant)*
1 TL *Zimt*
6 EL *Olivenöl*
4 EL *Obstessig*
1 Bund *Rucola*

Den **ROTKOHL** in feine Streifen schneiden und dann quer klein schneiden.

Den **BULGUR** abspülen und in einer Schüssel mit 300 ml heißem Wasser begießen. Etwa 10 Minuten quellen lassen.

Den **BULGUR** mit einer Gabel auflockern und mit **ROTKOHL** vermischen. Mit Salz, Pfeffer, **ZIMT, OLIVENÖL** und **OBSTESSIG** vermengen.

Schließlich den **RUCOLA** in grobe Stücke schneiden und unterheben. Den Salat durchziehen lassen und anschließend servieren.

1

2

3

4

5

6

4 *Personen* | **25 MIN** *Zubereitung* | *Salz Pfeffer* | *Öl*

TOMATENREIS MIT ZWEIERLEI TOMATEN

600 ml *Gemüsebrühe*
300 g *Parboiled Reis*
50 g *getrocknete Tomaten*
2 *Schalotten*
1 EL *Zucker*
1 Dose *Tomaten (400 g, stückig)*

Die **GEMÜSEBRÜHE** aufkochen und den **REIS** darin laut Packungsangabe garen.

Die **GETROCKNETEN TOMATEN** sehr klein schneiden. Die **SCHALOTTEN** schälen und fein würfeln. Beides in 2 EL Öl andünsten und den **ZUCKER** einrühren.

Sobald sich der **ZUCKER** aufgelöst hat, die stückigen **TOMATEN** hinzufügen. Einige Minuten leise köcheln lassen, mit Salz und Pfeffer abschmecken und dann mit dem Stabmixer pürieren.

Die **TOMATENPASTE** mit dem gegarten **REIS** vermischen und servieren.

1

2

3

4

5

6

4 *Personen* | **45 MIN** *Zubereitung* | *Salz Pfeffer*

ECHT FRANZÖSISCHER ALIGOT

350 g *Gruyère oder Bergkäse*
750 g *mehligkochende Kartoffeln*
1 EL *Butter*
3 EL *Crème fraîche*
½ TL *Muskatnuss*
1 Bund *Schnittlauch*

KÄSE in kleine und dünne Stücke schneiden.

KARTOFFELN schälen, in gleichmäßige Stücke schneiden und in Salzwasser kochen. Abgießen, ausdampfen lassen und mit einem Kartoffelstampfer zu Brei verarbeiten.

BUTTER, CRÈME FRAÎCHE und **KÄSE** einrühren. Mit **MUSKATNUSS,** Salz und Pfeffer würzen. (Falls gewünscht, noch mit etwas Milch glatt rühren).

SCHNITTLAUCH in feine Röllchen schneiden und den Aligot vor dem Servieren damit bestreuen.

1

2

3

4

5

4 *Personen* | **30 MIN** *Zubereitung* | *Salz Pfeffer* | *Zucker*

MAISKOLBEN MIT ZITRONEN-KRÄUTER-BUTTER

2 *Knoblauchzehen*

2 Kolben *Zuckermais*

125 g *Butter (weich)*

1 *Bio-Zitrone*

2 Stängel *Thymian, gezupft*

Die **KNOBLAUCHZEHEN** schälen und durch eine Knoblauchpresse drücken. Die **MAISKOLBEN** in Salzwasser mit 1 Klecks **BUTTER,** 1 Prise Zucker und 1 Messerspitze **KNOBLAUCH** bei mittlerer Hitze etwa 20 Minuten garen.

In der Zwischenzeit von der **ZITRONE** die Schale fein abreiben.

Anschließend 120 g **BUTTER** mit **KNOBLAUCH,** der **ZITRONENSCHALE** und den **THYMIANBLÄTTCHEN** verrühren. Mit Salz und Pfeffer würzen.

Die **MAISKOLBEN** in Stücke schneiden und mit der warmen **BUTTER** belegen, die beim Servieren schön zerläuft.

1

2

3

4

5

6

4 *Personen* | **50 MIN** *Zubereitung* | *Salz Pfeffer* | *Öl*

KARTOFFELN MIT SOUR CREAM & BACON

4 *große Kartoffeln*
2 *Schalotten*
200 g *saure Sahne*
200 g *Frischkäse*
1 Bund *Petersilie, gehackt*
100 g *Bacon*

Zuerst den Backofen auf 200 °C Ober-/Unterhitze vorheizen.

Die **KARTOFFELN** in Alufolie wickeln und im Ofen etwa 40 Minuten garen.

In der Zwischenzeit die **SCHALOTTEN** schälen und fein würfeln. In 1 EL Öl kurz andünsten und dann mit **SAURER SAHNE, FRISCHKÄSE** und **PETERSILIE** gut verrühren. Mit Salz und Pfeffer würzen.

Den **BACON** in einer Pfanne bei starker Hitze knusprig und kross braten.

Die **KARTOFFELN** mit der **SOUR CREAM** und dem **BACON** servieren.

1

2

3

4

5

6

4 *Personen* | **40 MIN** *Zubereitung* **1 STD** *Ziehen* | *Salz* *Pfeffer*

PELLKARTOFFELSALAT MIT NUSSBUTTER

1 kg *festkochende Kartoffeln*
40 g *Butter*
400 ml *Hühnerbrühe*
1 EL *Dijon-Senf*
4 EL *Obstessig*
1 *Frühlingszwiebel*

Die **KARTOFFELN** als Pellkartoffeln in Salzwasser, je nach Größe, etwa 25 Minuten garen. Abgießen, ausdampfen lassen, schälen und in Scheibchen schneiden. Die **BUTTER** in einer Pfanne bräunen.

100 g **KARTOFFELSCHEIBEN** mit **HÜHNERBRÜHE,** gebräunter **BUTTER, DIJON-SENF** und **OBSTESSIG** aufmixen und pürieren. Mit Salz und Pfeffer würzen.

Die **FRÜHLINGSZWIEBEL** in dünne Scheiben schneiden. **KARTOFFELN** in eine Schüssel geben, das Dressing sowie die **FRÜHLINGSZWIEBELN** darübergeben und alles sorgfältig vermengen.

Nochmals mit Salz und Pfeffer abschmecken und 1 Stunde ziehen lassen.

TIPP

Die Kartoffeln am besten am Vortag kochen.

1

2

3

4

5

6

4 *Personen* | **40 MIN** *Zubereitung* | *Salz*

DIBBELABBES (SAARLÄNDISCHE RÖSTI)

1 kg *festkochende Kartoffeln*
300 g *Knollensellerie*
2 *Eier*
2 EL *Mehl*
4 Stängel *Petersilie, gehackt*
etwas *Butterschmalz zum Braten*

KARTOFFELN und **KNOLLENSELLERIE** schälen und dann in groben Stücken in Salzwasser 10 bis 15 Minuten halb garen. Abgießen, abkühlen lassen und reiben. Mit **EIERN, MEHL, PETERSILIE** und Salz gut vermengen.

BUTTERSCHMALZ in einer beschichteten Pfanne erhitzen, etwa ¼ der **KARTOFFELMASSE** hineingeben und zu einem Rösti formen (gut andrücken). Von beiden Seiten je ca. 10 Minuten braten, nach der Hälfte der Garzeit mithilfe eines Tellers wenden.

Fertige Rösti warm halten und die weiteren Rösti ebenso braten.

1 

2 

3 

4 

4 *Personen* | **30 MIN** *Zubereitung* | *Salz Pfeffer*

KARAMELLISIERTE MÖHREN MIT PETERSILIE

1 kg *Bundmöhren*
1–2 EL *Butterschmalz*
1 EL *Puderzucker*
1 kleines Bund *Petersilie*

MÖHREN putzen, schälen und dabei etwas Grün stehen lassen. In kochendes Salzwasser geben, 2 Minuten ziehen lassen, dann abgießen und abtropfen lassen.

BUTTERSCHMALZ in einer großen Pfanne erhitzen und die **MÖHREN** darin rundherum anbraten. Mit **PUDERZUCKER** bestauben und karamellisieren. Dabei immer wieder wenden, damit die **MÖHREN** von allen Seiten überzogen werden.

PETERSILIE fein hacken. Die **MÖHREN** mit Salz und Pfeffer würzen und mit **PETERSILIE** bestreut servieren.

1

2

3

4

5

4 *Personen* | **30 MIN** *Zubereitung* | *Öl*

GEFÜLLTE RIESENPILZE

8 *Riesenchampignons*
100 g *Parmesan oder Bergkäse*
1 Bund *Rucola*
8 *getrocknete Tomaten*
400 g *grobe Salsiccia*

Den Backofen auf höchster Stufe Oberhitze/Grillfunktion vorheizen und eine Auflaufform mit 1 EL Öl auspinseln.

Die **CHAMPIGNONS** aushöhlen und beiseitestellen. **KÄSE** auf einer Küchenreibe fein reiben. **RUCOLA** säubern und die Hälfte fein hacken.

Die **GETROCKNETEN TOMATEN** ebenfalls sehr fein hacken. Das Wurstbrät aus der **SALSICCIA** ausdrücken, mit zerkleinertem **RUCOLA, TOMATEN** sowie 80 g **KÄSE** vermischen.

Die ausgehöhlten **CHAMPIGNONS** mit der Masse füllen und nebeneinander in die Auflaufform setzen. Mit 20 g **PARMESAN** bestreuen und 5 Minuten unter dem Backofengrill überbacken.

Mit restlichem **RUCOLA** garniert servieren.

4 Personen | **10 MIN** *Zubereitung* **30 MIN** *Kühlen* | *Salz* *Pfeffer* | *Öl*

1

HARZER-KÄSE-TÜRMCHEN

2

400 g *Harzer Käse*
1 *Apfel*
2 EL *Essig*
150 g *Pumpernickel*
30 g *weiche Kräuterbutter*

3

HARZER KÄSE sehr klein schneiden. Den **APFEL** schälen, vierteln, entkernen und in kleine Würfel schneiden.

APFEL und **KÄSE** mit **ESSIG** und 2 EL Öl vermischen. Mit Salz und Pfeffer würzen.

4

PUMPERNICKEL mit den Händen fein zerbröseln und mit weicher **KRÄUTERBUTTER** vermengen.

In Metallringe füllen, etwas andrücken und 30 Minuten kalt stellen. Die **KÄSE-APFEL-MISCHUNG** darauf anrichten, nach Belieben mit Kräutern bestreuen und anschließend servieren.

5

1

2

3

4

5

4 *Personen* | **10 MIN** *Zubereitung* **2 STD** *Ziehen* | *Salz* | *Öl*

HERZHAFTER KRAUTSALAT

5 Stängel *Petersilie*
600 g *Weißkohl*
250 ml *Essig*
60 g *Zucker*
1 TL *Kümmel*

Die **PETERSILIE** abzupfen und fein hacken.

WEISSKOHL putzen, auf einem Gemüsehobel klein schneiden und in eine große Schüssel füllen.

7 EL Öl, **ESSIG, ZUCKER** und 1 TL Salz verrühren und über den **WEISSKOHL** gießen.

Alles vermischen und **KÜMMEL** sowie **PETERSILIE** hinzufügen. Mindestens 2 Stunden ziehen lassen.

1

2

3

4

5

6

4 *Personen* | **30 MIN** *Zubereitung* **30 MIN** *Kühlen* | *Salz Pfeffer*

GERUPFTES HUHN MIT NEKTARINEN

400 g *Hähnchenbrustfilets*
4 *reife Nektarinen*
1 Kugel *Büffelmozzarella*
1 kleines Bund *Basilikum*
80 ml *Olivenöl*
4 EL *Balsamicoessig*

Die **HÄHNCHENBRUSTFILETS** in einen Topf mit kaltem Salzwasser bedeckt legen und aufkochen. Dann bei milder Hitze und geschlossenem Topf etwa 10 Minuten garen. Abgießen und etwa 30 Minuten auskühlen lassen.

NEKTARINEN entsteinen, in Spalten schneiden und auf einem Servierteller verteilen. Die **HÄHNCHENBRUSTFILETS** und den **MOZZARELLA** mit den Fingern zerzupfen und über die **NEKTARINEN** geben.

BASILIKUM grob hacken. Salat mit Salz und Pfeffer würzen. **OLIVENÖL** und **BALSAMICOESSIG** darübergeben und mit **BASILIKUM** garniert servieren.

1

2

3

4

5

6

4 *Personen* | **15 MIN** *Zubereitung* **40 MIN** *Kühlen & Ruhen* | *Salz* *Pfeffer*

ITALIENISCHER NUDELSALAT

300 g *kurze Nudeln*
3 EL *Pinienkerne*
1 *Zitrone*
10 *getrocknete Tomaten (in Öl eingelegt)*
1 kleines Bund *Basilikum*
50 g *Parmesan*

Die **NUDELN** bissfest garen, dann beiseitestellen und erkalten lassen.

PINIENKERNE in einer Pfanne ohne Fett anrösten. **ZITRONE** auspressen.

5 **GETROCKNETE TOMATEN** mit etwas **ÖL** aus dem Glas, **ZITRONENSAFT,** 1 Handvoll **BASILIKUMBLÄTTER** und 1 EL **PINIENKERNE** in der Küchenmaschine oder mit einem Stabmixer pürieren. Den **PARMESAN** fein reiben.

Das **TOMATENDRESSING** mit den **NUDELN** vermischen. **BASILIKUM** und die restlichen 5 **TOMATEN** hacken und mit **PARMESAN** unter die **NUDELN** mischen. Mit Salz und Pfeffer abschmecken.

Mindestens 30 Minuten ziehen lassen. Mit 2 EL **PINIENKERNEN** bestreut servieren.

TIPP

Am besten Backpapier auf dem Backblech verwenden.

1

2

3

4 *Personen* | **5 MIN** *Zubereitung* **25 MIN** *Backen & Kühlen* | *Salz*

SALZ-HONIG-MANDELN

1 *Ei (Eiweiß)*
400 g *Mandeln*
2 EL *flüssiger Honig*

Zuerst den Backofen auf 180 °C Ober-/Unterhitze vorheizen.

EI trennen. **EIWEISS** und 2 TL Salz mit einem elektrischen Handrührgerät steif schlagen.

Die **MANDELN** und **HONIG** zum **EISCHNEE** geben und vermischen.

MANDELN in ein Sieb geben und kurz abtropfen lassen. Dann auf einem Backblech ausbreiten und 15 bis 20 Minuten im vorgeheizten Backofen rösten, zwischendurch ein paar Mal wenden.

Die **SALZ-HONIG-MANDELN** vollständig auskühlen lassen. In einem Schraubglas aufbewahren.

1 

2 

3 

4 

5 

4 *Personen* | **90 MIN** *Zubereitung* **9 STD** *Einweichen & Backen* | *Salz*

KNUSPRIGE KICHERERBSEN

250 g *getrocknete Kichererbsen*
1 *Knoblauchzehe*
1 gestrichener EL *Ras el Hanout*
½ TL *Zimt*
1 EL *Olivenöl*

KICHERERBSEN über Nacht in 1 l Wasser quellen lassen. Gründlich abspülen und mit frischem Wasser bedeckt zum Kochen aufstellen. Die Garzeit beträgt ungefähr 80 bis 90 Minuten.

Den Backofen auf 190 °C Ober-/Unterhitze vorheizen. **KICHERERBSEN** abgießen und gut ausdampfen lassen.

KICHERERBSEN auf ein Backblech geben und im Ofen etwa 1 Stunde rösten, bis sie kross sind, zwischendurch ein paar Mal bewegen.

KNOBLAUCHZEHE schälen und pressen. In einer Schüssel **KNOBLAUCH** mit **KICHERERBSEN, RAS EL HANOUT, ZIMT**, 1 TL Salz und **OLIVENÖL** vermischen.

Die gewürzten **KICHERERBSEN** vollständig auskühlen lassen und in einem Schraubglas aufbewahren.

1

2

3

4

5

6

4 *Personen* | **40 MIN** *Zubereitung* **20 MIN** *Backen* | *Salz Pfeffer* | *Öl*

ORIENTALISCHE YUFKA-RÖLLCHEN

250 g *Merguez-Würstchen*

2 *kleine Auberginen*

2 *Schalotten*

200 g *Schafskäse*

1 TL *Ras el Hanout*

1 Päckchen *Yufkateig (250 g)*

Zuerst den Backofen auf 180 °C Ober-/Unterhitze vorheizen.

Das Wurstbrät aus den **MERGUEZ-WÜRSTCHEN** drücken. **SCHALOTTEN** schälen und fein würfeln.

Die **AUBERGINEN** im Backofen etwa 20 Minuten garen, danach schälen und das Fruchtfleisch klein schneiden.

In der Zwischenzeit 2 EL Öl in einer Pfanne erhitzen und darin die **SCHALOTTENWÜRFEL** andünsten. Wurstbrät hinzufügen, einige Minuten braten und dann die **AUBERGINE** sowie den zerbröckelten **SCHAFSKÄSE** einrühren. Mit **RAS EL HANOUT** sowie Salz und Pfeffer würzen. Den Pfanneninhalt kurz abkühlen lassen.

YUFKATEIG doppelt legen und in 15 x 15 cm große Stücke schneiden. Je 1 EL Füllung mit 2 cm Abstand zum Rand auf den unteren Teil des Teigquadrats geben. Seiten nach innen einklappen.

Die **RÖLLCHEN** auf ein mit Backpapier belegtes Backblech legen und im Ofen 20 Minuten backen.

4 *Personen*	**35 MIN** *Zubereitung* **1 STD** *Kühlen*	*Salz* *Pfeffer*

FRISCHKÄSE-POPS

1 *Möhre*
300 g *Pumpernickel*
300 g *Frischkäse*
100 g *Butter, zimmerwarm*
1 EL *Zitronensaft*
1–2 Bund *Schnittlauch*

MÖHRE schälen und fein reiben.

Den **PUMPERNICKEL** mit den Händen zerbröseln.

Beides mit **FRISCHKÄSE, BUTTER** und **ZITRONENSAFT** gut verrühren, am besten mit einem Teigspatel. Nach Belieben mit Salz und Pfeffer würzen und für 1 Stunde kalt stellen.

Aus der **FRISCHKÄSEMASSE** kleine Kugeln formen, die Kugeln durch den klein gehackten **SCHNITTLAUCH** rollen und auf Spieße stecken.

1

2

3

4

5

6

4 *Personen*	**15 MIN** *Zubereitung* **1 STD** *Kühlen*	*Salz* *Pfeffer*	*Öl*

SCHNELLES KIMCHI

1

2

3

4

5

25 g *Ingwer*
800 g *Chinakohl*
2 Stangen *Staudensellerie*
3 EL *Fischsoße*
1 EL *Puderzucker*

INGWER schälen und fein reiben. **CHINAKOHL** in breite Streifen schneiden, **STAUDENSELLERIE** schräg in 3 cm lange Stücke schneiden. Beides in kochendes Salzwasser geben, 1 Minute aufwallen lassen, abgießen, kalt abschrecken und abtropfen lassen.

INGWER mit **FISCHSOSSE,** 4 EL Öl und **PUDER-ZUCKER** verrühren.

Das **GEMÜSE** in eine Schüssel geben und das Dressing darübergießen.

Nach Belieben mit Salz und Pfeffer würzen und 1 Stunde im Kühlschrank ziehen lassen. Vor dem Servieren nochmal abschmecken.

1

2

3

4

5

6

4 *Personen* | **40 MIN** *Zubereitung* | *Salz* *Pfeffer*

SCHWARZE LINSENBÄLLCHEN MIT MINZDIP

250 g *Beluga-Linsen*

1 *Ei*

2 TL *rote Currypaste*

750 ml *Frittieröl*

3 Stängel *Minze*

300 g *Joghurt*

Die **LINSEN** laut Packungsangabe in Salzwasser garen. Anschließend unter kaltem Wasser abspülen und kurz trocknen lassen.

LINSEN mit **EI** und **CURRYPASTE** mit einem Stabmixer zusammen pürieren.

Das **FRITTIERÖL** erhitzen. Aus der **LINSENMASSE** walnussgroße Bällchen formen und diese portionsweise jeweils ungefähr 4 Minuten frittieren.

Die **MINZE** fein hacken und mit dem **JOGHURT,** ½ TL Salz und Pfeffer zu einem Dip vermischen.

1

2

3

4

5

6

4 *Personen* | **35 MIN** *Zubereitung*

KÄSE-PATTIES FÜR BURGER

280 g *Grillkäse*
1 *Ei*
4 EL *Weißbrotbrösel*
2 TL *Ras el Hanout*
2 TL *Sesamsamen*
1 EL *Butterschmalz*

GRILLKÄSE klein schneiden. Zusammen mit dem **EI, WEISSBROTBRÖSEL, RAS EL HANOUT** und **SESAMSAMEN** miteinander verkneten.

Patties in die gewünschte Form bringen, z.B. mithilfe eines Metallrings.

Das **BUTTERSCHMALZ** in einer Pfanne zerlassen und die Patties darin goldbraun braten.

1

2

3

4

5

6

4 *Personen* | **20 MIN** *Zubereitung* | *Salz*

LEICHTE SUMMERROLLS

4 EL *Edamame-Bohnen (TK)*
2 *Möhren*
1 *Salatgurke*
½ *Eisbergsalat*
8 *Reispapierblätter*
1 Bund *Koriandergrün, zerzupft*

Die **EDAMAME** in kochendes Salzwasser geben, und 5 Minuten garen. Anschließend abgießen und abtropfen lassen.

Die **BOHNEN** aus den Schoten lösen. **MÖHREN SALATGURKE** sowie **EISBERGSALAT** gut waschen und in feine Streifen schneiden.

REISPAPIERBLÄTTER nach Packungsangabe einzeln anfeuchten. Alle Zutaten auf der unteren Hälfte der **REISPAPIERBLÄTTER** verteilen. **REISPAPIER** erst von unten, dann von den Seiten einklappen und aufrollen. Nach Belieben mit **KORIANDERGRÜN** garnieren.

Als Dip eignen sich Soja- oder süß-saure Chilisauce.

1

2

3

4

5

6

4 *Personen* | **20 MIN** *Zubereitung* | *Salz* *Pfeffer*

BALSAMICO-PILZE

150 ml *Balsamicoessig*
2 EL *Honig*
½ TL *Piment d´Espelette*
2 Stängel *Petersilie*
2 EL *Olivenöl*
400 g *Egerlinge*

Den **BALSAMICOESSIG** mit **HONIG, PIMENT D´ESPELETTE** und ½ TL Salz verrühren. Die **PETERSILIE** grob hacken.

In einer Pfanne 2 EL **OLIVENÖL** erhitzen und die ganzen **EGERLINGE** von allen Seiten braten.

Mit **BALSAMICO-MISCHUNG** begießen und einmal aufkochen lassen.

Mit Salz und Pfeffer abschmecken, mit gehackter **PETERSILIE** bestreuen und lauwarm servieren.

1 

2 

4 *Personen* | **10 MIN** *Zubereitung*

EDAMAME AUS DER SCHOTE

500 g *Sojabohnen in der Schote*
etwas *Rauchsalz*

SOJABOHNEN in kochendes Salzwasser geben und gute 5 Minuten garen. Abgießen, mit heißem Wasser abspülen und abtropfen lassen.

Noch heiß auf kleine Portionsschälchen verteilen, mit **RAUCHSALZ** bestreuen und die **SOJABOHNEN** direkt aus der Schote knabbern.

1

2

3

4

5

6

4 *Personen* | **40 MIN** *Zubereitung* | *Salz* *Pfeffer*

SCHOTTISCHE EIER

8 *Eier*
1 Bund *Schnittlauch*
500 g *grobe Bratwurst*
8 EL *Panko*
2 EL *Mehl*
500 ml *Frittieröl*

6 **EIER** in 6 bis 7 Minuten garen. Dann abschrecken, pellen und auskühlen lassen.

SCHNITTLAUCH hacken und beiseitestellen.

Die **BRATWÜRSTE** aufschneiden, das Brät herausdrücken und mit 2 EL **SCHNITTLAUCH** vermischen. Mit Salz und Pfeffer abschmecken.

2 **EIER** verquirlen. **PANKO** und **MEHL** jeweils auf einen tiefen Teller geben. **FRITTIERÖL** in einer tiefen Pfanne erhitzen.

Etwa 80 g Wurstbrät in die angefeuchtete Handfläche geben, flach drücken, ein gekochtes **EI** hineinlegen und fest mit dem Wurstbrät umschließen. Zuerst in **MEHL,** dann im verquirlten **EI** und schließlich im **PANKO** wenden. So mit allen **EIERN** verfahren.

Die **EIER** portionsweise je etwa 6 Minuten goldbraun frittieren. Zum Servieren mit **SCHNITTLAUCH** bestreuen.

1

2

3

4

5

6

4 *Personen* | **30 MIN** *Zubereitung* | *Salz Pfeffer* | *Öl*

ARTISCHOCKEN MIT DIP

2 *große Artischocken*
½ *Zitrone (Saft)*
2 *Eier*
6 EL *Essig*
1 TL *Zucker*
1 kleines Bund *Schnittlauch*

Von den **ARTISCHOCKEN** die Stiele abschneiden und sie im kochendem Salzwasser mit **ZITRONENSAFT** etwa 20 Minuten garen.

Inzwischen die **EIER** 10 Minuten hart kochen, kalt abschrecken, pellen und fein hacken.

Etwas Öl, **ESSIG** und **ZUCKER** verrühren und **SCHNITTLAUCH** sowie die gehackten **EIER** untermischen. Mit Salz und Pfeffer abschmecken.

ARTISCHOCKENBLÄTTER abzupfen, den unteren Teil eindippen und genießen. Vom **ARTISCHOCKENBODEN** das Stroh entfernen und auch den Boden mit Dip essen.

1

2

3

4

5

2 *Gläser à 650 ml*	**15 MIN** *Zubereitung* **24 STD** *Ziehen*	*Salz* *Pfeffer*

EINGEMACHTE GELBE TOMATEN

125 g *Zucker*
125 ml *Essig*
400 g *rote Zwiebeln*
750 g *gelbe (oder grüne) Tomaten*
4 Zweige *Thymian*

500 ml Wasser, **ZUCKER,** 1 ½ TL Salz und **ESSIG** aufkochen. Die **ZWIEBELN** schälen, in Ringe schneiden und in dem Sud einmal aufkochen. Einige Minuten ziehen lassen.

In der Zwischenzeit die **TOMATEN** in Scheiben schneiden, mit **ZWIEBELN, THYMIANZWEIGEN** und 1 TL Pfefferkörner auf Einmachgläser verteilen. Mit dem Sud aufgießen. Sofort verschließen und mindestens 24 Stunden ziehen lassen.

1

2

3

4

5

6

2 *Gläser à 500 ml* | **15 MIN** *Zubereitung* **3 TAGE** *Ziehen* | *Salz Pfeffer*

DILLGURKEN IN WÜRZIGEM SUD

1 kg *Salatgurken*
100 ml *Essig*
150 g *Zucker*
2–3 *Lorbeerblätter*
2 EL *Senfkörner*
1 kleines Bund *Dill*

GURKEN schälen, längs halbieren und die Kerne mit einem Löffel entfernen. **GURKENHÄLFTEN** in etwa ½ cm breite Stücke schneiden.

1 l Wasser, **ESSIG, ZUCKER, LORBEERBLÄTTER, SENFKÖRNER,** 2 TL Salz und 1 TL Pfefferkörner aufkochen. Die **GURKENSTÜCKE** einlegen und etwa 8 Minuten leise köcheln lassen.

Die **GURKEN** in Einmachgläser füllen, je 2 Stängel **DILL** dazugeben, mit dem heißen Sud aufgießen und sofort verschließen. Mindestens 3 Tage durchziehen lassen, anschließend kühl aufbewahren.

1

2

3

4

5

2 *Gläser à 250 ml* | **30 MIN** *Zubereitung* **1 STD** *Kühlen*

VERY BRITISH LEMON CURD

5 *Bio-Zitronen*
250 g *Zucker*
6 *Eier (Eigelb)*
70 g *weiche Butter*
2 TL *geriebener Ingwer*

Die Schale von 1 **ZITRONE** fein abreiben und anschließend die **ZITRONEN** auspressen.

In einer hitzebeständigen Schüssel abgeriebene Schale und Saft der **ZITRONE** mit **ZUCKER** sowie mit 6 **EIGELBEN** vermischen.

Die Schüssel auf ein heißes Wasserbad stellen und mit einem elektrischen Handrührgerät die **EI-ZUCKERMISCHUNG** mindestens 5 bis 8 Minuten cremig schlagen.

Die Schüssel vom Topf nehmen und geriebenen **INGWER** sowie **WEICHE BUTTER** einrühren.

Die dickliche Masse in heiß ausgespülte Gläser füllen und etwa 1 Stunde auskühlen lassen.

Das Curd hält sich im Kühlschrank etwa 4 Wochen.

2 *Gläser à 200 ml*	**5 MIN** *Zubereitung*	*Salz Pfeffer*	*Olivenöl*

1

VEGANE LEBERWURST

2

1 *rote Zwiebel*
200 g *geräucherter Tofu*
240 g *Kidneybohnen*
4 Stängel *Majoran, zerzupft*
4 Stängel *Petersilie, zerzupft*

3

Die **ZWIEBEL** schälen und fein würfeln. Den **TOFU** ebenfalls klein schneiden. In einem Topf 2 EL Olivenöl erhitzen und die **ZWIEBELWÜRFEL** kurz andünsten.

4

TOFU mit **BOHNEN, KRÄUTERN** und 1 TL Salz vermengen. Mit Salz und Pfeffer würzen und nach einigen Garminuten mit einem Stabmixer, je nach Belieben, grob oder fein pürieren.

In heiß ausgespülte Gläser mit Deckel abgefüllt, hält sich die vegane Leberwurst im Kühlschrank etwa 4 Wochen.

5

1

2

3

4

5

2 *Gläser à 200 ml* | **20 MIN** *Zubereitung*

FEIGEN-NUSS-AUFSTRICH

40 g *Walnusskerne*
40 g *Cashewkerne*
250 g *getrocknete Feigen*
1 *Bio-Orange*
100 g *brauner Zucker*

WALNUSS- und **CASHEWKERNE** sehr fein hacken und in einer heißen Pfanne ohne Fett anrösten. Aus der Pfanne nehmen und abkühlen lassen.

FEIGEN klein schneiden. Die Schale der **ORANGE** fein abreiben und die **ORANGE** auspressen. In einem Topf **ZUCKER** mit 150 ml Wasser, Saft und Abrieb der **ORANGE** sowie mit den **FEIGEN** verrühren und erhitzen.

Die Masse mit einem Stabmixer fein pürieren und **NÜSSE** sowie **CASHEWS** untermischen.

In heiß ausgespülte Gläser mit Deckel abgefüllt, hält sich der Aufstrich im Kühlschrank etwa 3 Monate.

2 *Gläser à 200 ml*	**30 MIN** *Zubereitung*	*Salz*	*Olivenöl*

1

FEUERROTE PAPRIKACREME

2

5 *rote Paprika*
4 *Knoblauchzehen*
1 *Bio-Orange*
2 TL *Honig*
4 Stängel *Petersilie, zerzupft*

3

Zuerst den Backofen auf 220 °C Ober-/Unterhitze vorheizen.

PAPRIKA putzen, entkernen und im Ofen rösten, bis die Haut dunkel ist. Zugedeckt abkühlen lassen.

4

KNOBLAUCH schälen und fein würfeln. **PAPRIKA-SCHOTEN** häuten und klein schneiden. Die Schale der **ORANGE** fein abreiben.

In einem Topf 2 EL Olivenöl erhitzen und darin die **KNOBLAUCHWÜRFEL** kurz anschwitzen. **PAPRIKA, HONIG** und **ORANGENSCHALE** einrühren. Mit 1 TL Salz würzen und dann mit einem Stabmixer fein pürieren.

5

Die **PAPRIKACREME** mit **PETERSILIE** bestreuen und servieren.

In heiß ausgespülte Gläser gefüllt, hält sich die **PAPRIKACREME** im Kühlschrank bis zu 2 Wochen.

2 *Gläser à 150 ml* | **10 MIN** *Zubereitung* | *Salz* | *Olivenöl*

TOMATIGE TOSKANACREME

250 g *Cashewkerne*
1 *Schalotte*
50 g *getrocknete Tomaten*
100 g *Tomatenmark*
1 Zweig *Rosmarin*

CASHEWS sehr fein hacken und in einer heißen Pfanne ohne Fett goldbraun rösten, beiseitestellen.

SCHALOTTE schälen und fein würfeln. **TOMATEN** klein schneiden.

2 EL Olivenöl in einem Topf erhitzen und darin die **SCHALOTTENWÜRFEL** kurz andünsten. **TOMATEN, TOMATENMARK, ROSMARIN, CASHEWS,** ½ TL Salz und 100 ml Wasser einrühren, kurz aufkochen lassen.

ROSMARIN entfernen und den Topfinhalt mit einem Stabmixer pürieren.

In heiß ausgespülte Gläser gefüllt, hält sich die Toskanacreme im Kühlschrank bis zu 4 Wochen.

1

2

3

4

5

1 

2 

3 

4 

5 

6 

3 *Gläser à 200 ml* | **1 STD** *Zubereitung* | *Salz Pfeffer* | *Sonnenblumenöl*

ZWIEBELMARMELADE MIT GOJI-BEEREN

450 g *Zwiebeln*
200 ml *heller Balsamicoessig*
120 g *brauner Zucker*
2 EL *Gelierzucker*
20 g *Goji-Beeren*
2 Zweige *Zitronenthymian*

ZWIEBELN schälen und fein würfeln. 3 EL Sonnenblumenöl in einem Topf erhitzen und darin die Zwiebeln 1–2 Minuten andünsten.

ESSIG, ZUCKER, GELIERZUCKER, 2 TL Salz, **GOJIBEEREN** und die Blättchen vom **ZITRONENTHYMIAN** hinzufügen. Nach dem ersten Aufkochen bei kleiner Hitze und gelegentlichem Umrühren etwa 40 Minuten offen köcheln lassen.

Auskühlen lassen, mit Salz und Pfeffer abschmecken und in Gläser füllen.

In heiß ausgespülte Gläser gefüllt, hält sich die Zwiebelmarmelade im Kühlschrank bis zu 4 Wochen.

1

2

3

4

5

6

2 *Gläser à 250 ml* | **40 MIN** *Zubereitung* **3 STD** *Gelieren*

KIWI-APFEL-MARMELADE

500 g *Äpfel*
1 *Zitrone*
200 g *Apfelsaft*
350 g *Gelierzucker (2 : 1)*
2 *Kiwis*
3 Stängel *Minze*

ÄPFEL schälen, entkernen und klein würfeln. **ZITRONE** auspressen.

APFELWÜRFEL, ZITRONEN- und **APFELSAFT** in einen Kochtopf geben. **GELIERZUCKER** hinzufügen und unter Rühren aufkochen. Etwa 3 bis 4 Minuten sprudelnd weiterkochen, dann die Marmelade 30 Minuten abkühlen lassen.

KIWIS schälen, Stielansatz entfernen und das Fruchtfleisch fein würfeln. **MINZE** waschen und die Blättchen in feine Streifen schneiden.

KIWIS und **MINZE** vorsichtig unter die **APFELMARMELADE** heben. Etwa 3 Stunden gelieren lassen.

In heiß ausgespülte Gläser gefüllt, hält sich die Marmelade im Kühlschrank bis zu 4 Wochen.

1

2

3

4

5

2 *Gläser à 250 ml* | **50 MIN** *Zubereitung* | *Pfeffer*

KNOBLAUCH-CREME

250 g *Knoblauchzehen*
350 ml *Rapsöl*
200 g *weiße Riesenbohnen (Dose)*
etwas *geräuchertes Fleur de Sel*
2 Zweige *Zitronenthymian*

KNOBLAUCHZEHEN schälen und in einem Topf mit leicht erhitztem **RAPSÖL** 2 Minuten ziehen lassen.

Das **KNOBLAUCHÖL** abgießen. 4 EL davon mit den **RIESENBOHNEN** und den **KNOBLAUCHZEHEN** mit einem Stabmixer fein pürieren.

Mit **GERÄUCHERTEM FLEUR DE SEL** und Pfeffer abschmecken.

In heiß ausgespülte Schraubgläser füllen, die Blättchen vom **ZITRONENTHYMIAN** obenauf legen und alles mit **KNOBLAUCHÖL** luftdicht bedecken.

Die Creme hält sich im Kühlschrank etwa 4 Wochen.

1

2

3

4

5

6

2 *Gläser à 200 ml*	**2 MIN** *Zubereitung* **5 STD** *Einweichen & Ziehen*	*Salz* *Pfeffer*

FRISCHKÄSE AUS CASHEWKERNEN

400 g *Cashewkerne*
6 EL *Hefeflocken*
1 *Knoblauchzehe*
5 EL *Joghurt*
2 EL *Zitronensaft*
4 Stängel *Petersilie, zerzupft*

Die **CASHEWKERNE** etwa 4 Stunden einweichen, Wasser abgießen.

CASHEWKERNE mit **HEFEFLOCKEN, KNOBLAUCH, JOGHURT, ZITRONENSAFT,** 1 TL Salz und **PETERSILIE** in einer Küchenmaschine oder mit dem Stabmixer fein pürieren.

Mit Salz und Pfeffer abschmecken. Masse mindestens 1 Stunde ziehen lassen.

1 

2 

3 

2 *Gläser à 150 ml*	**5 MIN** *Zubereitung*	*Salz*

KÜRBISKERN-BUTTER

60 g *Kürbiskerne*
250 g *weiche Butter*
3 EL *Kürbiskernöl*

KÜRBISKERNE ohne Fett in einer Pfanne anrösten, dann zum Auskühlen beiseitestellen.

KÜRBISKERNE sehr fein hacken. In einer Schüssel **WEICHE BUTTER** mit **KÜRBISKERNÖL,** 1 TL Salz und gehackten **KÜRBISKERNEN** verrühren.

In heiß ausgespülte Gläser gefüllt, hält sich die Kürbiskern-Butter im Kühlschrank bis zu 4 Wochen.

1

2

3

4

5

6

4 *Personen* | **50 MIN** *Zubereitung* | *Salz* *Pfeffer*

BABA GANOUSH (AUBERGINENCREME)

2 *Auberginen*
3 *Knoblauchzehen*
10 *getrocknete Tomaten*
2 EL *Tahin (Sesampaste)*
3 EL *Olivenöl*
1 kleines Bund *Petersilie, zerzupft*

Zuerst den Backofen auf 220 °C Ober-/Unterhitze vorheizen.

AUBERGINEN rundherum einstechen, auf ein Backblech legen und im Ofen etwa 40 Minuten garen.

Inzwischen **KNOBLAUCHZEHEN** schälen und fein würfeln. Die **TOMATEN** klein schneiden.

Die **AUBERGINEN** kurz auskühlen lassen, schälen und das Fruchtfleisch klein schneiden. Zusammen mit **KNOBLAUCH**, $^2/_3$ der **TOMATEN**, **TAHIN** und 2 EL **OLIVENÖL** fein pürieren. Mit Salz und Pfeffer abschmecken.

Vor dem Servieren mit **TOMATENSTÜCKCHEN**, **PETERSILIE** und **OLIVENÖL** verfeinern.

1

2

3

4

5

4 *Personen* | **15 MIN** *Zubereitung* | *Salz Pfeffer*

BIRNEN-CURRY-FRISCHKÄSE-DIP

1 EL *Pinienkerne*
1 *Birne*
250 g *Frischkäse*
1 EL *Zitronensaft*
1 TL *Currypulver*

PINIENKERNE in einer Pfanne ohne Fett leicht anrösten, beiseitestellen.

BIRNE längs halbieren, beide Hälften entkernen. Eine Hälfte mit Schale in kleine Würfel schneiden, beiseitestellen.

Die andere **BIRNENHÄLFTE** schälen, in kleine Stücke schneiden und in wenig Wasser 3 Minuten leise köcheln. Abgießen, auskühlen und abtropfen lassen.

FRISCHKÄSE, ZITRONENSAFT, CURRY und gekochte **BIRNENSTÜCKCHEN** vermischen und mit Salz und Pfeffer abschmecken.

Die rohen **BIRNENSTÜCKCHEN** unter die Frischkäsemischung heben und mit gerösteten **PINIENKERNEN** bestreuen.

1

2

3

4

5

6

2 *Gläser à 250 ml* | **40 MIN** *Zubereitung* | *Salz Pfeffer* | *Öl*

CURRYWURST-SOSSE

½ *reife Mango*

2 EL *Currypulver (z. B. Madras)*

125 g *3-fach-konzentriertes Tomatenmark*

1 *Dose Tomaten (400 g, stückig)*

250 ml *Cola*

1 EL *Balsamicoessig*

Die **MANGO** schälen, vom Kern schneiden und fein würfeln.

2 EL Öl in einem Topf erhitzen und darin **CURRYPULVER** und **TOMATENMARK** unter Rühren kurz anrösten.

MANGO, TOMATEN, COLA, und **BALSAMICOESSIG** hinzufügen. Bei mittlerer Hitze und gelegentlichem Rühren etwa 30 Minuten einkochen lassen. Mit Salz und Pfeffer abschmecken. Mit dem Stabmixer pürieren, sodass eine sämige Soße entsteht.

Die Soße in sterile Flaschen oder Einmachgläser füllen. Sie ist gekühlt etwa 2 Wochen haltbar.

1 

2 

3 

4 

4 *Personen* | **15 MIN** *Zubereitung* | *Salz* *Pfeffer*

SAUCE HOLLANDAISE

110 g *Butter*

4 *Eier (Eigelb)*

4 EL *trockener Weißwein*

1 EL *Zitronensaft*

Die **BUTTER** klären, d. h. die **BUTTER** in einem kleinen Topf erhitzen, sodass sich das Milchfett absetzt. Die flüssige **BUTTER** durch ein Haarsieb passieren und abkühlen lassen.

Die **EIGELBE** mit 4 EL **WEISSWEIN** in einer hitzebeständigen Schüssel über einem heißen Wasserbad mit einem elektrischen Handrührgerät cremig aufschlagen.

Sobald eine cremig luftige Konsistenz erreicht ist, die Schüssel vom Wasserbad nehmen und langsam die flüssige **BUTTER** unterschlagen.

Mit **ZITRONENSAFT,** Salz und Pfeffer würzen.

SWEET
CHILI

1 

2 

3 

4 

5 

6 

1 *Flasche à 250 ml* | **10 MIN** *Zubereitung* | *Salz*

SWEET-CHILI-SAUCE

5 g *Ingwer*
4 *Knoblauchzehen*
2 *Chilischoten*
180 g *Zucker*
100 ml *Reisessig*
1 EL *Speisestärke*

INGWER und **KNOBLAUCH** schälen. Beides zusammen mit den **CHILISCHOTEN** fein würfeln.

In einem Topf **ZUCKER** mit 5 EL Wasser schmelzen lassen und dann **INGWER, KNOBLAUCH** und **CHILI** einrühren. Mit Salz würzen und bei mittlerer Hitze einige Minuten leise köcheln lassen.

Den **REISESSIG** hinzufügen und weitere 2 Minuten köcheln lassen.

SPEISESTÄRKE mit 2 EL Wasser glatt rühren und in den Topf rühren. 1 Minute weiterrühren. In eine sterile Flasche abfüllen.

1

2

3

4

5

4 *Personen* | **2 MIN** *Zubereitung* | *Salz Pfeffer* | *Öl*

HERBSTLICHES KÄSEDRESSING

60 g *Gorgonzola*
30 g *Parmesan*
2 EL *Honig*
50 ml *Walnuss-Essig*
1 EL *Weinbrand*

GORGONZOLA mit der Hand fein zerbröseln. Mit 2 EL **PARMESAN, HONIG, WALNUSS-ESSIG, WEINBRAND** und 100 ml Öl in einer Schüssel mit einem Stabmixer pürieren.

Mit Salz und Pfeffer abschmecken. Das Dressing vor dem Servieren mit dem restlichen **PARMESAN** bestreuen.

1

2

3

4

5

6

1 *Glas à 300 ml* | **5 MIN** *Zubereitung* **30 MIN** *Ruhen* | *Salz Pfeffer* | *Öl*

FRUCHTIGE PINK SALSA

½ *rote Zwiebel*

1 *Knoblauchzehe*

1 *rote Chilischote*

2–3 *Nektarinen (ca. 350 g)*

1 *Bund Koriandergrün*

1 *Limette*

ZWIEBEL und **KNOBLAUCH** schälen. Zusammen mit der **CHILISCHOTE** fein würfeln.

NEKTARINEN in kleine Würfel schneiden, 2 EL beseitestellen. Den Rest in 2 EL heißem Öl kurz andünsten. **ZWIEBEL, KNOBLAUCH** und **CHILI** 1 Minute mitdünsten.

KORIANDER, 4 EL Wasser, **LIMETTENSAFT** und 1 Prise Salz einrühren. Mit einem Stabmixer fein pürieren.

Salsa in ein Schälchen oder Glas geben, die zurückbehaltenen **NEKTARINENWÜRFEL** untermischen. Nochmals mit Salz und Pfeffer abschmecken und, je nach Reifegrad der **NEKTARINEN**, noch mit etwas Zucker süßen.

Mindestens 30 Minuten ziehen lassen. Die Salsa hält sich im Kühlschrank 2 Tage.

1

2

3

4

5

6

4 *Personen* | **2 MIN** *Zubereitung* **3 STD** *Ruhen* | *Salz Pfeffer*

GRILL-MARINADE

4 *Knoblauchzehen*
10 EL *Sonnenblumenöl*
6 EL *Tomatenmark*
2 EL *Balsamicoessig*
2 TL *Piment d´Espelette*
2 EL *getrocknete Kräuter*

Die **KNOBLAUCHZEHEN** schälen und fein würfeln.

In einer Pfanne oder Topf 2 EL Sonnenblumenöl erhitzen und darin die **KNOBLAUCHWÜRFEL** andünsten. Mit **TOMATENMARK** leicht rösten und mit **BALSAMICOESSIG** ablöschen.

Mit **PIMENT D´ESPELETTE, KRÄUTERN,** Salz und Pfeffer würzen und restliches **SONNENBLUMENÖL** einrühren.

Grillfleisch großzügig mit der Marinade einpinseln und etwa 3 Stunden ziehen lassen.

1 

2 

3 

4 

5 

4 *Personen*	**45 MIN** *Zubereitung* **30 MIN** *Kühlen*	*Salz* *Pfeffer*	*Öl*

GRÜNE SOSSE MIT KARTOFFELN & EI

1 Bund *Kräutermix für „Grüne Soße" (Zusammensetzung variiert)*

500 g *saure Sahne*

200 g *Joghurt*

1 kg *festkochende Kartoffeln*

8 *Eier*

Die **KRÄUTER** waschen, verlesen und die Blätter von den Stängeln zupfen.

Alles sehr fein hacken und zusammen mit saurer **SAHNE, JOGHURT**, 4 EL Öl, 1 TL Salz und etwas Pfeffer vermischen. Dann für 30 Minuten kalt stellen.

Die **KARTOFFELN** schälen und je nach Größe etwa 30 Minuten in Salzwasser garen. Inzwischen die **EIER** ca. 10 Minuten hart kochen, abschrecken und anschließend pellen.

Die Grüne Soße auf tiefe Teller verteilen, mit den **EIERHÄLFTEN** sowie den **SALZKARTOFFELN** servieren.

1 

2 

3 

4 

5 

6 

4 *Personen* | **5 MIN** *Zubereitung* **30 MIN** *Ziehen* | *Salz* *Pfeffer*

SYLTER DRESSING

1 *Schalotte*
4 *Stängel Dill*
200 g *Sahne*
2 EL *Schmand*
1 EL *Zucker*
4 EL *Obstessig*

SCHALOTTE schälen und fein würfeln.

Den **DILL** abzupfen und fein hacken.

SAHNE mit **SCHMAND, ZUCKER** und **ESSIG** gründlich verrühren und **SCHALOTTENWÜRFEL** sowie **DILL** untermischen. Mit Pfeffer und Salz würzen.

Das Dressing etwa 30 Minuten ziehen lassen. Es passt gleichermaßen zu Fisch und Salat.

1

2

3

4

5

6

4 Personen | **45 MIN** *Zubereitung* | *Salz*

KOKOSMILCHREIS MIT PFIRSICH

400 ml *Milch*
200 ml *Kokosmilch*
150 g *Milchreis*
4 EL *Puderzucker*
3 halbe *Pfirsiche (Dose) mit etwas Saft*
1 Stängel *Minze*

MILCH, KOKOSMILCH, MILCHREIS und 1 Prise Salz in einem Topf bei mittlerer Hitze etwa 30 Minuten leise köcheln lassen. Kurz vor dem Ende der Garzeit 3 EL **PUDERZUCKER** einrühren.

1 **PFIRSICHHÄLFTE** in kleine Würfel schneiden und beiseitestellen. 2 **PFIRSICHHÄLFTEN** mit etwas Saft mit einem Stabmixer fein pürieren, auf zwei Teller verteilen.

Mit 2 angefeuchteten Esslöffeln den lauwarmen **MILCHREIS** zu Nocken formen und auf den Pfirsichspiegel setzen. Mit **MINZE** und **PFIRSICHWÜRFELN** garnieren und mit **PUDERZUCKER** bestauben.

1

2

3

4

5

6

4 *Personen* | **15 MIN** *Zubereitung* **20 MIN** *Backen* | *Salz*

KERNIGE MÜSLIRIEGEL

200 g *Mandeln*
1 *Ei (Eiweiß)*
130 g *Butter*
200 g *Haferflocken*
40 g *Amaranth-Pops*
120 g *flüssiger Honig*

MANDELN mit einem Messer fein zerkleinern. Anschließend in einer Pfanne ohne Fett leicht rösten.

Inzwischen den Backofen auf 160 °C Ober-/Unterhitze vorheizen.

EI trennen**. EIWEISS** mit 1 Prise Salz steif schlagen.

Die **BUTTER** in einem Topf leicht zerlassen. Vom Herd nehmen und mit **HAFERFLOCKEN**, gerösteten **MANDELN, AMARANTH-POPS** sowie **HONIG** verrühren. Zuletzt den **EISCHNEE** unterrühren.

Eine viereckige Backform mit Backpapier auslegen und die Masse 3–4 cm hoch einstreichen. Etwas andrücken und im vorgeheizten Backofen 20 Minuten backen.

Nach dem Erkalten mit einem scharfen Messer in Riegel schneiden.

1

2

3

4

5

6

4 *Personen* | **25 MIN** *Zubereitung* **4 STD** *Gefrieren*

SCHOKOLADIGES ROTE-BETE-EIS

100 g *dunkle Schokolade*
200 g *Rote Bete (gegart)*
150 g *Sahne*
200 ml *Milch*
4 *Eier (Eigelb)*
8 EL *Ahornsirup*

Die **SCHOKOLADE** sehr fein reiben, 80 g davon über einem Wasserbad oder in der Mikrowelle schmelzen.

ROTE BETE klein schneiden und mit 100 ml **MILCH** mit einem Stabmixer fein pürieren. Dann die **SAHNE** steif schlagen.

EIGELBE mit **AHORNSIRUP** cremig rühren und nach und nach die geschmolzene **SCHOKOLADE** sowie das **ROTE-BETE-MUS** unterrühren.

Zuletzt die **SCHLAGSAHNE** unterheben, die Masse in eine Form geben und in der Eismaschine oder im Eisfach mindestens 4 Stunden gefrieren lassen.

Zum Servieren mit der restlichen geriebenen **SCHOKOLADE** bestreuen.

1

2

3

4

5

6

4 *Personen* | **10 MIN** *Zubereitung* **1 STD** *Kühlen*

QUARKMOUSSE MIT GELIERTEN TRAUBEN

20 g *Puddingpulver (Vanille)*
500 ml *Apfelsaft*
200 g *helle Trauben*
150 g *weiße Schokolade*
200 g *Sahne*
400 g *Quark*

Das **PUDDINGPULVER** mit 5 EL **APFELSAFT** glatt rühren.

Restlichen **APFELSAFT** mit den **TRAUBEN** erhitzen. Das angerührte **PUDDINGPULVER** zugeben und sorgfältig verrühren. Kurz aufkochen lassen und dann kalt stellen.

Die **WEISSE SCHOKOLADE** fein reiben und in einer hitzebeständigen Schüssel über einem heißen Wasserbad mit der **SAHNE** cremig rühren, sodass sich die **SCHOKOLADE** auflöst.

Die Schüssel vom Wasserbad nehmen, kurz kalt stellen und den **QUARK** unterrühren.

Anschließend wieder kalt stellen. Mit zwei (kalt befeuchteten) Esslöffeln von der **QUARKMOUSSE** Nocken formen und mit den gelierten **TRAUBEN** anrichten.

TIPP

Den Kuchen mit Puderzucker bestauben.

1

2

3

4

5

6

4 *Personen* | **10 MIN** *Zubereitung* **75 MIN** *Backen* | *Salz*

MAIS-BANANEN-CAKE

225 g *Maismehl*
2 TL *Backpulver*
4 *reife Bananen*
200 g *Zucker*
100 g *weiche Butter*
2 *Eier*

Den Backofen auf 160 °C Ober-/Unterhitze vorheizen. Eine Springorm (18 cm Ø) ausfetten.

Das **MAISMEHL** mit **BACKPULVER** und 1 Prise Salz vermischen.

Die **BANANEN** mit einer Gabel zerdrücken.

ZUCKER und **BUTTER** schaumig schlagen und **EIER** sowie **BANANEN** einrühren. Nach und nach die **MAISMEHLMISCHUNG** einrieseln lassen und verkneten.

Teig in die Springform geben und 75 Minuten backen. Herausnehmen, aus der Form lösen und auf einem Gitter abkühlen lassen.

1 

2 

3 

4 

5 

4 *Personen* | **10 MIN** *Zubereitung*
2 STD *Gefrieren*

FROZEN YOGHURT MIT COOKIE-BODEN

120 g *Haferkekse*
170 g *weiße Schokolade*
250 g *gemischte Beeren*
70 g *Puderzucker*
140 g *Natur-Joghurt*

HAFERKEKSE in ein Küchentuch schlagen und mit einem Teigroller zerkleinern.

Die **SCHOKOLADE** in Stücke brechen und in einer hitzebeständigen Schüssel über einem heißen Wasserbad schmelzen. **KEKSBRÖSEL** unterrühren und die Masse auf die Muffin-Förmchen verteilen, etwas andrücken und kalt stellen.

225 g **BEEREN** und den **PUDERZUCKER** mit einem Stabmixer pürieren. **JOGHURT** einrühren und alles gründlich vermischen.

Die Masse auf die Muffin-Förmchen verteilen und 2 Stunden in den Gefrierschrank stellen.

Vor dem Servieren nach Belieben mit den restlichen **BEEREN** garnieren.

1

2

3

4

5

4 *Personen* | **25 MIN** *Zubereitung*

GEDÄMPFTE BIRNEN MIT SALZ-KARAMELL

250 g *Zucker*
200 g *Sahne*
170 g *Butter*
4 *Birnen*
etwas *Fleur de Sel zum Bestreuen*

Für den Salzkaramell den **ZUCKER** in einem Topf oder einer Pfanne unter Rühren bei niedriger Hitze karamellisieren, bis der **ZUCKER** vollständig geschmolzen und goldbraun ist.

Den Topf vom Herd nehmen und **SAHNE** und 150 g **BUTTER** einrühren, bis die Sauce merklich eindickt. Kalt stellen.

Inzwischen die **BIRNEN** schälen, halbieren, entkernen und bedeckt in Wasser 8 bis 10 Minuten bei mittlerer Hitze garen lassen.

20 g **BUTTER** in einem Topf schmelzen lassen. Die **BIRNENHÄLFTEN** abtropfen lassen, mit **BUTTER** glasieren, mit Karamellsoße übergießen und mit etwas **FLEUR DE SEL** bestreuen.

1

2

3

4

5

6

4 *Personen als Dessert* | **40 MIN** *Zubereitung*

SÄCHSISCHE QUARK-KEULCHEN

300 g *mehligkochende Kartoffeln*
2 *Eier*
150 g *Magerquark*
60 g *Maismehl*
100 g *Puderzucker*
etwas *Butterschmalz zum Braten*

KARTOFFELN weich kochen, pellen und durch die Kartoffelpresse drücken.

EIER trennen, **EIWEISS** steif schlagen.

Die **KARTOFFELN** mit **EIGELB, QUARK, MAISMEHL** und 80 g **PUDERZUCKER** vermengen. Zuletzt den **EISCHNEE** unterziehen.

Das **BUTTERSCHMALZ** in der Pfanne erhitzen und aus dem Teig portionsweise kleine Pfannkuchen goldbraun ausbacken.

Zum Servieren mit **PUDERZUCKER** bestauben.

1

2

3

4

5

6

4 *Personen als Dessert* | **10 MIN** *Zubereitung* **1 STD 20 MIN** *Backen*

PANKO-PIE MIT MANGO

1 *Mango*
2 EL *Orangenlikör*
100 g *brauner Zucker*
4 *Eier*
600 ml *Milch*
100 g *Panko*

Zuerst den Backofen auf 160 °C Ober-/Unterhitze vorheizen.

MANGO schälen, Fruchtfleisch vom Kern lösen und mit **ORANGENLIKÖR** mit einem Stabmixer pürieren.

3 **EIER** trennen. **EIGELB** und 1 ganzes **EI** mit **MILCH**, **PANKO** und 75 g **PUDERZUCKER** verrühren.

Das **MANGOPÜREE** in eine feuerfeste Form geben. Die Milchmischung darübergießen und 1 Stunde im vorgeheizten Ofen backen.

Kurz vor Ablauf der Backzeit **EIWEISS** mit 2 EL vom verbliebenen **PUDERZUCKER** steif schlagen. **EISCHAUM** auf die inzwischen feste Creme geben und weitere 15–20 Minuten im Ofen backen.

Herausnehmen und vor dem Servieren mit restlichem **PUDERZUCKER** bestauben.

1 

2 

3 

4 

5 

6 

4 *Personen* | **10 MIN** *Zubereitung* **2 STD** *Gefrieren* | *Salz*

ZIMTPARFAIT MIT GEBRANNTEN MANDELN

60 g *gebrannte Mandeln*
2 *Eier*
80 g *Zucker*
200 g *Sahne*
1 TL *Zimt*
1 Msp. *gemahlene Vanille*

Die **MANDELN** grob hacken.

EIER trennen. **EIWEISS** mit 1 Prise Salz und 1 TL **ZUCKER** steif schlagen. **EIGELB** mit restlichem **ZUCKER** cremig rühren.

SAHNE mit **ZIMT** und **VANILLE** steif schlagen. Diese unter die **EIGELBMASSE** rühren, dann den **EISCHNEE** und zuletzt die **MANDELN** (einige zurückbehalten) unterrühren.

Die Masse in eine Form füllen. Mit den restlichen **MANDELN** garnieren und 2 Stunden im Gefrierschrank fest werden lassen.

1

2

3

4

5

6

4 *Personen* | **10 MIN** *Zubereitung*
25 MIN *Backen*

BRATÄPFEL MIT CRANBERRY-MARZIPAN-FÜLLUNG

4 *Äpfel*
90 g *weiche Butter*
50 g *gestiftelte Mandeln*
70 g *Cranberrys*
200 g *Marzipanrohmasse, klein gewürfelt*
1 TL *Zimt*

Zuerst den Backofen auf 200 °C Ober-/Unterhitze vorheizen. Eine Auflaufform ausfetten.

ÄPFEL quer halbieren, das Kerngehäuse großzügig entfernen und die **APFELHÄLFTEN** beiseitestellen.

50 g **BUTTER** mit **MANDELN, CRANBERRYS, MARZIPAN** und **ZIMT** verkneten.

APFELHÄLFTEN mit der Masse füllen und wieder zusammensetzen. In eine Auflaufform geben und zunächst 10 Minuten im Ofen backen.

In der Zwischenzeit die restliche **BUTTER** in einem Topf zerlassen. **ÄPFEL** mit der **BUTTER** beträufeln und weitere 10–15 Minuten bei 180 °C backen. Aus dem Ofen nehmen und warm servieren.

1

2

3

4

5

6

4 *Personen* | **10 MIN** *Zubereitung*

BEEREN-TÖPFCHEN

60 g *Puderucker*
2 Päckchen *Vanillezucker*
400 g *Waldbeerenmischung (TK)*
2 *Eier (Eiweiß)*
10 *Oreo®-Kekse*
4 Stängel *Minze*

PUDERZUCKER, VANILLEZUCKER und **WALDBEEREN** in einer Küchenmaschine oder in einem Standmixer pürieren.

EIER trennen. **EIWEISS** steif schlagen und gut unterrühren.

WALDBEERENCREME in Schälchen füllen.

Die **OREO-KEKSE** trennen, die Creme entfernen und die **KEKSE** mit einem Nudelholz fein zerbröseln.

Die **BEEREN**-Töpfchen mit **OREO**-Bröseln bestreuen und jeweils mit einem kleinen Stängel **MINZE** garnieren.

1

2

3

4

5

6

4 *Personen als Dessert*	**15 MIN** *Zubereitung* **20 MIN** *Backen*	*Salz*

YUFKA-GRIESS-AUFLAUF

2 EL *Mandelblättchen*
1 l *Milch*
175 g *Weichweizengrieß*
80 g *Zucker*
2 *Eier (Eigelb)*
2–3 *Yufka-Blätter*

Zuerst den Backofen auf 170 °C Ober-/Unterhitze vorheizen. Eine Auflaufform ausfetten.

MANDELBLÄTTCHEN in einer Pfanne ohne Fett anrösten, dann beiseitestellen.

Die **MILCH** aufkochen, den Topf vom Herd ziehen und **GRIESS, ZUCKER, EIGELB** und 1 Prise Salz einrühren. Einige Minuten ziehen lassen.

Die Auflaufform mit den **YUFKA-BLÄTTERN** auslegen und die **GRIESSMASSE** hineingeben. Im vorgeheizten Ofen 20 Minuten backen.

Zum Servieren mit den gerösteten **MANDELN** bestreuen. Nach Belieben mit Puderzucker bestauben.

1

2

3

4

5

6

20–25 *Stück* | **10 MIN** *Zubereitung* **1 STD** *Kühlen*

MANDEL-DATTEL-PRALINEN

100 g *Mandeln*
200 g *Datteln, entsteint*
8 EL *Kokosraspel*
1 EL *Mandelmus*
2 EL *Kakaopulver*
1 EL *Kokosöl*

MANDELN und **DATTELN** fein hacken. Zusammen mit 2 EL **KOKOSRASPEL, MANDELMUS, KAKAO** und **KOKOSÖL** gründlich vermischen.

Aus der Masse mit befeuchteten Händen etwa 25 Kugeln formen und durch die verbliebenen **KOKOSRASPELN** rollen.

Die Pralinen etwa 1 Stunde kühl stellen und im Kühlschrank aufbewahren, da sie sonst zu weich werden.

1

2

3

4

5

6

4 Personen als Dessert | **15 MIN** *Zubereitung* **30 MIN** *Backen* | *Salz*

KNUSPRIGER APRIKOSEN-CRUMBLE

500 g *Aprikosen*
155 g *weiche Butter*
180 g *Zucker*
2 EL *Orangenlikör*
200 g *Weizenmehl*
50 g *Haferflocken*

Zuerst den Backofen auf 200 °C Ober-/Unterhitze vorheizen. Ein Backblech mit Backpapier auslegen.

Die **APRIKOSEN** halbieren und entsteinen.

30 g **BUTTER** in einer Pfanne bräunen und dann 30 g **ZUCKER** darin schmelzen. **APRIKOSEN** hinzugeben und 30 Sekunden vorsichtig schwenken. **ORANGENLIKÖR** dazugeben und weitere 30 Sekunden köcheln lassen.

125 g **BUTTER** zerlassen und in einer Schüssel mit 100 g **ZUCKER,** 1 Prise Salz, **MEHL** und **HAFERFLOCKEN** mit den Händen abbröseln. Auf dem Backblech verteilen und im Ofen 30 Minuten goldbraun backen.

Die **APRIKOSEN** mit den Streuseln in Dessertgläser schichten und mit Puderzucker bestauben.

1

2

3

4

5

4 Personen | **10 MIN** *Zubereitung* **10 STD** *Einweichen & Gefrieren* | *Salz*

EISIGER LIMETTEN-PIE MIT AVOCADO

400 g *Cashewkerne*
180 g *Zucker*
100 g + 2 EL *Kokosöl*
3 *große Avocados*
5 *Bio-Limetten*

200 g **CASHEWKERNE** mindestens 8 Stunden in Wasser einweichen.

Die restlichen 200 g **CASHEWKERNE** sehr fein hacken. Zusammen mit 1 Prise Salz, 30 g **ZUCKER** und 2 EL **KOKOSÖL** vermischen. Die Masse in eine kleine Springform (16 cm Ø) füllen, gut andrücken und kalt stellen.

Die eingeweichten **CASHEWKERNE** abspülen. **AVOCADOS** halbieren und Fruchtfleisch herauslösen. Von 2 **LIMETTEN** die Schale abreiben, alle **LIMETTEN** auspressen.

CASHEWKERNE, AVOCADOS, Saft und Schale der **LIMETTE,** 150 g **ZUCKER** und 100 ml **KOKOSÖL** im Standmixer pürieren.

Masse in die Springform füllen und etwa 2 Stunden ins Gefrierfach geben. Alternativ vollständig einfrieren und den Limetten-Pie vor dem Servieren ½ Stunde antauen lassen.

1

2

3

4

5

6

4 *Personen* | **15 MIN** *Zubereitung* **1 STD** *Kühlen* | *Salz*

SCHOKOPUDDING MIT WÖLKCHEN & NÜSSEN

3 *Eier*

500 ml *Milch*

35 g *Speisestärke*

2 EL *Puderzucker*

3 EL *Kakaopulver*

30 g *Haselnusskerne*

EIER trennen. **EIWEISS** mit 1 Prise Salz steif schlagen. 2 EL **MILCH** mit Speisestärke glatt rühren.

Restliche **MILCH** in einem Topf mit **PUDERZUCKER** und **KAKAOPULVER** verrühren und aufkochen. Die angerührte **SPEISESTÄRKE** zugießen und unter Rühren kurz dicklich einkochen lassen. Den Topf vom Herd ziehen und die **EIGELBE** unterrühren.

PUDDINGMASSE in eine Servierschüssel geben und vorsichtig den **EISCHNEE** unterziehen. **PUDDING** kühl stellen.

Für das Nusstopping **HASELNUSSKERNE** fein hacken und in einer Pfanne ohne Fett anrösten. Zum Servieren über den abgekühlten Pudding streuen.

1

2

3

4

5

6

4 *Personen* | **15 MIN** *Zubereitung* **20 MIN** *Kühlen*

ERDNUSS-FUDGE

100 g *Erdnüsse (gesalzen)*
120 g *Butter*
450 g *brauner Zucker*
120 ml *Milch*
220 g *Erdnussbutter*
300 g *Puderzucker*

Eine Form (25 x 25 cm) mit Klarsichtfolie auslegen, beiseitestellen. Die **ERDNÜSSE** klein hacken.

Die **BUTTER** in einem Topf schmelzen, **BRAUNEN ZUCKER** und **MILCH** unter fortwährendem Rühren hinzufügen. Dann einige Minuten offen köcheln lassen, den Topf vom Herd nehmen und die **ERDNUSSBUTTER** unterrühren.

Die Masse in eine Schüssel geben, **PUDERZUCKER** hinzufügen und rühren, bis sich der **PUDERZUCKER** aufgelöst hat.

Die Masse in die Form geben, glatt streichen und mit den gehackten **ERDNÜSSEN** bestreuen. Im Gefrierschrank fest werden lassen, dann in kleine Quadrate schneiden. Kühl aufbewahren.

1

2

3

4

5

6

4 *Personen als Dessert* | **40 MIN** *Zubereitung* | *Salz*

GEBRÄUNTE SCHUPFNUDELN MIT SÜSSEN BIRNEN

500 g *Kartoffeln*

4 *Birnen (fest)*

4 EL *Puderzucker*

2 *Eier (Eigelb)*

6 EL *Weizengrieß*

80 g *Butter*

Die **KARTOFFELN** in Salzwasser garen, dann ausdampfen lassen, pellen und auf einer Küchenreibe reiben.

Inzwischen die **BIRNEN** entkernen, in Spalten schneiden und in siedendem Wasser einige Minuten ziehen lassen. Abgießen, in einer Schüssel mit 2 EL **PUDERZUCKER** vermischen und ziehen lassen.

KARTOFFELN mit **EIGELB, GRIESS** und 2 Prisen Salz vermischen. Falls der Teig zu feucht ist, noch etwas **GRIESS** hinzufügen.

2 Liter Salzwasser zum Sieden bringen. Mit zwei angefeuchteten Esslöffeln kleine Nocken vom Teig abstechen, formen und im Wasser etwa 3 Minuten gar ziehen lassen. Die Schupfnudeln kurz in kaltem Wasser abschrecken.

BUTTER in einer Pfanne zerlassen und die Schupfnudeln darin bräunen. Nach Belieben mit **PUDERZUCKER** bestauben und mit **BIRNENSTÜCKCHEN** servieren.

395 15

1

2

3

4

5

6

4 *Personen* | **45 MIN** *Zubereitung* **9 STD** *Gefrieren*

RHABARBER-ERDBEER- SCHWIPS

500 g *Erdbeeren*
150 g *Puderzucker*
300 g *Erdbeerjoghurt*
400 g *Rhabarber*
500 ml *Sekt*
einige *Minzblättchen*

400 g geputzte **ERDBEEREN** über Nacht einfrieren.

Gefrorene **ERDBEEREN** 10 Minuten antauen lassen, dann mit dem **ERDBEERJOGHURT** und 50 g **PUDERZUCKER** im Küchenmixer pürieren. Erneut für 1 Stunde ins Gefrierfach stellen.

Den **RHABARBER** putzen, klein schneiden. 300 g **RHABARBER** mit Sekt und 100 g **PUDERZUCKER** kurz aufkochen, dann bei kleiner Hitze etwa 20 Minuten offen ziehen lassen. **RHABARBER** durch ein Passiertuch passieren und den Sud auffangen. 100 g **RHABARBER** in diesem Sud 5 Minuten ziehen lassen.

Die restlichen **ERDBEEREN** auf Teller verteilen. **RHABARBERSUD** angießen und mit einer Kugel **ERDBEER-JOGHURTEIS** sowie einigen Blättchen **MINZE** servieren.

1

2

3

4

5

6

4 *Personen* | **8 STD** *Quellen*

SUPERGESUNDER FRISCHKORNBREI

200 g *Dinkelkörner*
400 ml *Mandelmilch*
50 ml *Hafersahne*
60 ml *Ahornsirup*
4 EL *Goji-Beeren*
2 EL *Chiasamen*

DINKELKÖRNER zerkleinern, in eine Schüssel geben und mit **MANDELMILCH** aufgießen. Über Nacht quellen lassen.

Wenn das **GETREIDE** gequollen ist, **HAFERSAHNE,** 2 EL **AHORNSIRUP** und die Hälfte der **GOJI-BEEREN** pürieren und über den **DINKEL** geben.

Restlichen **AHORNSIRUP, GOJI-BEEREN** und **CHIASAMEN** auf dem Brei verteilen und in tiefen Tellern servieren.

1

2

3

4

5

6

CA. 10 *Stück* | **15 MIN** *Zubereitung* **15 MIN** *Backen* | *Salz*

SIMPLY DELICIOUS SCONES

400 g *Mehl*
1 Tütchen *Backpulver*
50 g *Zucker*
200 g *kalte Butter*
150 g *kalte Buttermilch*
Puderzucker zum Bestauben

Zuerst den Backofen auf 220 °C Ober-/Unterhitze vorheizen. Ein Backblech mit Backpapier auslegen.

MEHL, BACKPULVER und 50 g **ZUCKER** in einer Schüssel vermischen. 1 TL Salz hinzufügen und die **BUTTER** in kleinen Stückchen dazu schneiden. Verkneten und nach und nach mit **BUTTERMILCH** zu einem Teig verarbeiten.

Teig auf einer bemehlten Arbeitsfläche zu einem Fladen von etwa 30 cm Durchmesser formen und dreimal zur Mitte hin falten. Anschließend 3 cm dick ausrollen und mit einer runden Ausstechform oder z. B. einer kleinen Tasse 10 Kreise ausstechen.

Die Scones mit etwas Abstand zueinander auf das Backblech legen und im Ofen 12–14 Minuten goldbraun backen. Zum Servieren mit **PUDERZUCKER** bestauben.

1

2

3

4

5

6

30–35 *Stück*	**15 MIN** *Zubereitung* **45 MIN** *Ruhen & Backen*	*Salz*

KNUSPRIGE KÄSEKEKSE

100 g *Gouda, gerieben*
150 g *Hartweizenmehl*
150 g *Weizenmehl*
120 g *kalte Butter (in Stückchen geschnitten)*
¼ TL *Backpulver*
1 *Ei (Eigelb)*

75 g **GOUDA** mit **HARTWEIZENMEHL, WEIZENMEHL, BUTTERSTÜCKCHEN, BACKPULVER** und ½ TL Salz zu einem (Mürbe-)Teig kneten. In Folie wickeln und 30 Minuten kalt stellen.

Inzwischen den Backofen auf 190 °C Ober-/Unterhitze vorheizen.

Den Teig auf einer bemehlten Fläche ausrollen, die Kekse ausstechen und mit verquirltem **EIGELB** bestreichen.

Dann mit dem restlichen **GOUDA** bestreuen. Im vorgeheizten Ofen etwa 14 Minuten goldgelb backen.

1

2

3

4

5

6

8 *Stück* | **10 MIN** *Zubereitung* **10 STD** *Ruhen & Backen* | *Salz*

RUSTIKALE SONNTAGSBRÖTCHEN

360 ml *Milch*
20 g *Hefe*
400 g *Weizenmehl*
100 g *Roggenmehl*
4 EL *Weizenkleie*
1 TL *Zucker*

Die **MILCH** leicht erwärmen und darin die **HEFE** auflösen. **WEIZEN-** und **ROGGENMEHL, WEIZENKLEIE, ZUCKER** und 2 TL Salz in einer Schüssel vermischen und mit der Hefemilch verkneten. Die Schüssel mit einem Tuch abdecken und den Teig an einem warmen Ort über Nacht zugedeckt gehen lassen.

Am nächsten Morgen den Backofen auf 250 °C Ober-/Unterhitze vorheizen. Ein Backblech mit Backpapier belegen.

Mit zwei feuchten Esslöffeln von dem Teig 8 Nocken abstechen und mit etwas Abstand zueinander auf dem Backblech platzieren.

Die Brötchen mit etwas **MEHL** bestauben und längs einschneiden. Etwa 20 Minuten backen, nach 15 Minuten die Hitze auf 200 °C reduzieren.

1

2

3

4

5

6

6 *Stück* | **25 MIN** *Zubereitung* **1 STD 10 MIN** *Ruhen* | *Salz*

INDISCHES NAAN

100 ml *Milch*
½ TL *Zucker*
10 g *Hefe*
100 g *Naturjoghurt*
250 g *Weizenmehl (ggf. etwas mehr)*
½ TL *Backpulver*

Die **MILCH** leicht erwärmen und darin **ZUCKER** und **HEFE** auflösen.

Den **JOGHURT** einrühren. In einer Schüssel **MEHL, BACKPULVER** und ½ TL Salz vermischen, eine Mulde formen und die Milchmischung eingießen. Mit den Knethaken eines elektrischen Handrührgerätes zu einem Teig verarbeiten.

Mit einem Tuch abdecken und 1 Stunde ruhen lassen.

Anschließend den Teig in 6 Kugeln formen und auf einer leicht bemehlten Fläche zu dünnen Fladen ausrollen. Noch einmal 10 Minuten zugedeckt ruhen lassen.

Die Fladen nacheinander in einer vorgeheizten, beschichteten Pfanne ohne Fett von jeder Seite 1–2 Minuten backen. Immer dann wenden, sobald das Brot Blasen wirft.

1

2

3

4

5

6

8 *Stück* | **20 MIN** *Zubereitung* **2 STD 20 MIN** *Ruhen & Backen* | *Salz* | *Öl*

BURGER BUNS

150 ml *Milch*
2 EL *Zucker*
20 g *Hefe*
3 *Eier*
60 g *weiche Butter*
480 g *Weizenmehl*

MILCH leicht erwärmen und mit 50 ml lauwarmem Wasser, **ZUCKER** und **HEFE** verrühren.

Zusammen mit 2 **EIERN, BUTTER, WEIZENMEHL** und ½ TL Salz zu einem geschmeidigen Teig kneten. Den Teig mit einem Tuch abdecken und 1 Stunde ruhen lassen.

Nach 1 Stunde den Teig aus der Schüssel heben. Mit etwas Öl bestreichen, einmal dehnen und zur Mitte hin falten, wieder in die Schüssel geben und nochmals 1 Stunde gehen lassen.

Inzwischen den Backofen auf 200 °C Ober-/Unterhitze vorheizen.

Das verbliebene **EI** trennen, das **EIGELB** verquirlen.

Teig in 8 Portionen teilen, jede Portion dehnen und zur Mitte falten, umdrehen und mit der flachen Hand rund rollen.

Die Teigstücke auf ein Backblech legen und mit dem **EIGELB** bestreichen. Buns etwa 15 Minuten im vorgeheizten Ofen backen.

1 

2 

3 

4 

5 

6 

1 *großes Fladenbrot* | **35 MIN** *Zubereitung* **2 STD 20 MIN** *Ruhen & Backen* | *Salz*

FLUFFIGES KARTOFFELBROT

250 g *festkochende Kartoffeln*
2 TL *Zucker*
20 g *Hefe*
450 g *Weizenmehl*
100 g *Schmand*
2 *Eier*

KARTOFFELN schälen und in Salzwasser, je nach Größe, etwa 30 Minuten garen. Abgießen, abkühlen lassen und in kleine Würfel schneiden.

In 100 ml lauwarmem Wasser **ZUCKER** und **HEFE** auflösen. **WEIZENMEHL** in eine Schüssel geben, eine Mulde formen und das **HEFEWASSER** hineingießen. Zusammen mit **SCHMAND, EIERN,** 1 TL Salz und 150 g **KARTOFFELWÜRFELN** einen geschmeidigen Teig kneten. Mit einem Tuch abdecken und 1 Stunde ruhen lassen.

Den Teig auf eine gut bemehlte Fläche geben, nach oben und unten dehnen und zur Mitte hin falten, nochmals 1 Stunde gehen lassen.

Inzwischen den Backofen auf 220 °C Ober-/Unterhitze vorheizen.

Den Teig auf eine Größe von ca. 40 x 25 cm ausrollen. Mit etwas **MEHL** bestauben und die restlichen **KARTOFFELSTÜCKCHEN** hineindrücken. Den Teigfladen in einer flachen Backform oder direkt auf dem Backblech etwa 15 Minuten backen.

1

2

3

4

5

8 Stück | **15 MIN** *Zubereitung* **2 STD 50 MIN** *Ruhen & Backen* | *Salz*

WÜRZIGE VINSCHGAUER

30 g *Hefe*
100 g *flüssiger Natursauerteig*
5 EL *Brotgewürz*
400 g *Roggenmehl*
180 g *Weizenmehl (Type 1050)*

350 ml lauwarmes Wasser mit **HEFE** und **SAUERTEIG** verrühren. 4 EL **BROTGEWÜRZ,** 20 g Salz, **ROGGEN-** und **WEIZENMEHL** hinzufügen und einen geschmeidigen Teig kneten.

Mit einem Tuch abdecken und 1 Stunde ruhen lassen. Teig nochmals durchkneten und erneut 1 Stunde ruhen lassen.

Den Teig in 8 Portionen teilen und diese zu flachen Fladen formen. Die Vinschgauer auf ein Backblech legen, mit etwas **MEHL** und dem restlichen **BROTGEWÜRZ** bestreuen. Nochmals 30 Minuten ruhen lassen.

In der Zwischenzeit den Backofen auf 220 °C Ober-/Unterhitze vorheizen.

Die Vinschgauer etwa 20 Minuten backen. Abkühlen lassen und servieren.

1

2

3

4

5

6

4 *Personen* | **15 MIN** *Zubereitung* **30 MIN** *Backen* | *Salz*

OMAS KIRSCHAUFLAUF

5 *Eier*
400 g *Magerquark*
160 g *Weichweizengrieß*
160 g *Puderzucker*
100 g *weiche Butter*
250 g *Süßkirschen*

Zuerst den Backofen auf 190 °C Ober-/Unterhitze vorheizen.

Die **EIER** trennen. **EIWEISS** mit 1 Prise Salz steif schlagen.

In einer zweiten Schüssel **EIGELBE** mit **MAGERQUARK, GRIESS,** 140 g **PUDERZUCKER** und die **BUTTER** verrühren und zuletzt den Eischnee vorsichtig unterziehen.

Etwa 1/4 der **KIRSCHEN** entsteinen und dann auf den Boden einer Auflaufform verteilen. Den **EIERTEIG** darübergeben.

Restliche **KIRSCHEN** mit Stängel obenauf legen und etwas einsinken lassen. Im vorgeheizten Ofen etwa 25–30 Minuten backen. Mit dem restlichen **PUDERZUCKER** bestauben.

1

2

3

4

20 *Stück* | **6 STD** *Ruhen & Backen* | *Salz* | *Zucker*

OFENFRISCHE PIZZABRÖTCHEN

115 ml *Milch*
1 Päckchen *Trockenhefe*
400 g *Weizenmehl*
2 EL *Olivenöl*

In lauwarmer **MILCH** und 115 ml Wasser 1 TL Zucker und **TROCKENHEFE** auflösen.

In einer Schüssel das **MEHL** sieben, eine Mulde formen und das **HEFEWASSER** eingießen.

Mit 1 EL **OLIVENÖL** und 1 TL Salz einen geschmeidigen Teig kneten, mit einem Tuch abdecken und mindestens 4 Stunden ruhen lassen.

Teig auf eine mit **MEHL** bestäubte Arbeitsfläche geben, einmal dehnen und zur Mitte hin falten, dann nochmals 1 Stunde gehen lassen.

Teig in aprikosengroße Portionen teilen, auf ein mit Backpapier belegtes Blech legen, leicht mit **MEHL** bestauben und nochmals 30 Minuten gehen lassen.

In der Zwischenzeit den Backofen auf 240 °C Ober-/Unterhitze vorheizen.

Die Pizzabrötchen auf der mittleren Schiene 10–12 Minuten goldbraun backen.

TIPP

Schmeckt auch leicht erwärmt sehr gut.

1

2

3

4

5

6

4 *Personen* | **10 MIN** *Zubereitung*

DATTEL-BANANEN-TRAUM

1 *Bio-Limette*

1 *Banane*

15 *entsteinte Datteln*

500 ml *ungesüßte Sojamilch*

1–2 Messerspitze. *gemahlener Kardamom*

1 *Oreo®-Keks*

Von der **LIMETTE** die Schale abreiben und den Saft auspressen. **BANANE** in große Stücke schneiden.

DATTELN und **BANANE** mit **SOJAMILCH** und **KARDAMOM** in den Standmixer geben und fein pürieren.

Den Saft und Abrieb der **LIMETTE** hinzufügen. In vier Tassen geben und mit zerbröseltem **KEKS** als Topping servieren.

1

2

3

4

5

6

4 *Personen* | **15 MIN** *Zubereitung*

KAKAO MIT MARSHMALLOWS

200 g *Sahne*

1 l *Milch*

200 g *dunkle Schokolade*

1 Prise *geriebene Muskatnuss*

4 EL *kleine Marshmallows*

4 *Zimtstangen*

Die **SAHNE** steif schlagen.

Die **MILCH** erhitzen und die in Stücke gebrochene **SCHOKOLADE** hinzufügen und unter stetigem Rühren auflösen.

Mit **MUSKATNUSS** würzen und einige Minuten leise simmern lassen.

Die heiße **SCHOKOLADE** auf Gläser verteilen.

Die **SAHNE** daraufgeben, mit **MARSHMALLOWS** bestreuen. Und zum Umrühren eine **ZIMTSTANGE** verwenden.

1

2

3

4

5

6

3 *Flaschen à 250 ml* | **15 MIN** *Zubereitung* **2 STD** *Kühlen*

OMAS EIERLIKÖR

500 g *Sahne*
250 g *Puderzucker*
1 *Vanilleschote*
8 *sehr frische Eier (Eigelb)*
1 Messerspitze *Zimt*
250 ml *Weinbrand*

SAHNE mit 125 g **PUDERZUCKER** verrühren und erhitzen. Dabei das Mark aus der **VANILLESCHOTE** kratzen und dazurühren. Den Topf beiseiteziehen.

EIER trennen, **EIGELB** mit 125 g **PUDERZUCKER** sowie 1 Messerspitze **ZIMT** in einer hitzebeständigen Schüssel über einem heißen Wasserbad mit einem elektrischen Rührgerät verrühren.

Nach und nach **VANILLESAHNE** sowie **WEINBRAND** in einem dünnen Strahl zugießen und in etwa 5 Minuten dickcremig rühren.

Den noch warmen Eierlikör in sterile Flaschen füllen, Flaschen verschließen und auskühlen lassen.

1

2

3

4

5

6

4 *Personen* | **5 MIN** *Zubereitung*

MELONEN-GRANITA

1 *Galia-Melone*
2 *Bio-Limetten*
4 EL *Puderzucker*
700 g *Eiswürfel (Crushed Ice)*
400 ml *Sekt*
einige Blättchen *Minze*

Die **MELONE** halbieren und die Kerne entfernen, Fruchtfleisch auslösen. Von den **LIMETTEN** die Schale fein abreiben und den Saft auspressen.

600 g **MELONE** in den Standmixer geben, Saft und Schale der **LIMETTEN** sowie den **PUDERZUCKER** hinzufügen und pürieren.

Das **CRUSHED ICE** auf Gläser verteilen. **SEKT** mit dem Melonenpüree vorsichtig vermischen und auf die Gläser verteilen. Mit frischer **MINZE** garnieren und servieren.

1

2

3

4

5

6

4 *Personen* | **15 MIN** *Zubereitung*

ERDBEERMILCH MIT HAFERFLOCKEN

250 g *Erdbeeren*
500 ml *Milch*
150 g *griechischer Joghurt*
2 EL *Haferflocken*
1 Tütchen *Vanillezucker*
2–3 EL *Ahornsirup*

ERDBEEREN verlesen, den Kelchansatz entfernen und **ERDBEEREN** in den Standmixer geben.

Anschließend mit **MILCH** aufgießen. **JOGHURT, HAFERFLOCKEN, VANILLEZUCKER** und **AHORNSIRUP** hinzufügen und alles vermixen.

Die Erdbeermilch 10 Minuten quellen lassen, dann nochmals aufmixen und servieren.

1

2

3

4

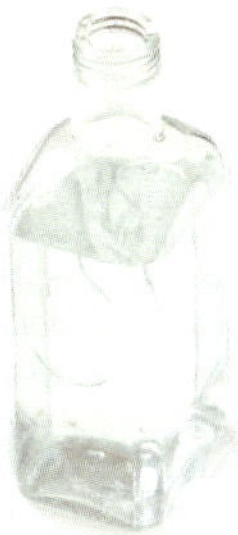

2 *Flaschen à 750 ml* | **20 MIN** *Zubereitung*

ERDBEER-LIMES

400 g *Zucker*
1 kg *Erdbeeren*
8 *Zitronen*
500 ml *Wodka*

250 ml Wasser und **ZUCKER** in einem Topf verrühren. So lange unter dem Siedepunkt rühren, bis der Sirup klar ist, etwa 5 Minuten. In ein Gefäß umfüllen und abkühlen lassen.

ERDBEEREN verlesen und putzen. In einen Standmixer geben und fein pürieren.

ZITRONEN auspressen. 400 ml **ZITRONENSAFT, WODKA** und die Hälfte des Zuckersirups zu den **ERDBEEREN** in den Standmixer geben. Vermischen und je nach Süße der Früchte den Rest des Zuckersirups hineingeben.

Den Erdbeerlimes in saubere Flaschen abfüllen, im Kühlschrank aufbewahren und auf Eis servieren.

1

2

3

3 *Flaschen à 500 ml* | **20 MIN** *Zubereitung*

RHABARBER-SIRUP

750 g *Rhabarber*

5 *Zitronen*

1 1/8 kg *Zucker*

RHABARBER waschen und in Stücke schneiden. Mit 750 ml Wasser in einen Topf füllen und aufkochen lassen. Dann bei mittlerer Hitze etwa 20 Minuten ziehen lassen.

Ein Sieb mit einem Passiertuch auslegen und die **RHABARBERFLÜSSIGKEIT** passieren.

ZITRONEN auspressen. Den **ZITRONENSAFT** und **ZUCKER** mit der **RHABARBERFLÜSSIGKEIT** in einem Topf vermischen und unter Rühren aufkochen lassen.

In sterile Flaschen abfüllen und die Flaschen sofort verschließen. Vor dem Genießen mit Sekt oder Mineralwasser im Verhältnis 1:5 mischen.

INHALT

Pasta | Reis | Hülsennfrüchte

Beilagen

Salate | Fingerfood | Snacks

Aufstriche | Dips

Soßen | Marinaden | Dressings

Süße Hauptgerichte | Desserts

Backen

Getränke

REGISTER

GENIAL KOCHEN MIT 2–6 ZUTATEN!

Einfach – Heimatküche
Genial kochen mit 2–6 Zutaten

25,00 €

978-3-863**55-745**-4

SO MACHT KOCHEN SPASS!

Einfach Low Carb

26,00 €

978-3-86355-957-1

Simplissime – Das einfachste Kochbuch der Welt: Pasta

20,00 €

978-3-86355-902-1

Simplissime – Das einfachste Dessertbuch der Welt

19,99 €

978-3-86355-825-3

Simplissime – Das einfachste Kochbuch der Welt: Vegetarisch mit 130 neuen Rezepten

20,00 €

978-3-86355-903-8

Simplissime – Das einfachste Kochbuch der Welt: Light

19,99 €

978-3-86355-716-4

Simplissime – Das einfachste Cocktailbuch der Welt

19,99 €

978-3-86355-813-0

IMPRESSUM

Bibliografische Information der Deutschen Bibliothek.

Die Deutsche Bibliothek verzeichnet diese Publikation in der Deutschen Nationalbibliografie.

Detaillierte bibliografische Daten sind im Internet über http://www.dnb.de/ abrufbar.

EIN BUCH DER EDITION MICHAEL FISCHER

1. Auflage 2018

Covergestaltung: Mirjam Oppelt

Produktmanagement: Diana Jedrzejewski

Redaktion: Rose Marie Donhauser, Berlin

Lektorat: Diana Jedrzejewski

Layout: Silvia Keller

Satz: Sarah Wilde, Daniel Besold

Fotografie: Guido Schmelich, Holzkirchen b. München

Shutterstock: Rucola S.97, 101, 107, 139, 155: © Nattika/Shutterstock.com

ISBN 978-3-96093-066-2

Gedruckt bei Polygraf Print, Čapajevova 44, 08001 Prešov, Slowakei

www.emf-verlag.de